绿色工艺创新与产品创新策略研究

岳静宜◎著

经济管理出版社

ECONOMY & MANAGEMENT PUBLISHING HOUSE

图书在版编目（CIP）数据

绿色工艺创新与产品创新策略研究 / 岳静宜著.
北京：经济管理出版社，2024. -- ISBN 978-7-5096
-9856-3

Ⅰ．F279. 23

中国国家版本馆 CIP 数据核字第 20241KU916 号

组稿编辑：谢　妙
责任编辑：谢　妙
责任印制：许　艳
责任校对：蔡晓臻

出版发行：经济管理出版社
　　　　　（北京市海淀区北蜂窝 8 号中雅大厦 A 座 11 层　100038）
网　　　址：www. E-mp. com. cn
电　　　话：(010) 51915602
印　　　刷：北京市海淀区唐家岭福利印刷厂
经　　　销：新华书店
开　　　本：720mm×1000mm/16
印　　　张：11. 5
字　　　数：200 千字
版　　　次：2024 年 10 月第 1 版　　2024 年 10 月第 1 次印刷
书　　　号：ISBN 978-7-5096-9856-3
定　　　价：88. 00 元

前　言

当今世界大力推行绿色技术与绿色产品，我国要想在国际竞争中处于不败之地，就必须在绿色创新方面进行深入研究与发展，为我国经济实现绿色转型与高质量发展注入新的增长活力。企业绿色创新活动对于提升绿色供应链整体水平、增强自身经营实力与竞争力、实现供应链可持续发展、改善日益严重的环境问题都有着重要意义与价值。为此，本书基于创新活动中两个关键创新行为，在竞争、合作或竞合的绿色供应链环境中，研究了制造商如何制定绿色工艺创新策略、如何选择绿色创新研发合作水平、如何制定绿色产品创新策略等问题，以期合理配置稀缺资源，在最大限度地发挥绿色创新效用、实现经济效益的同时改善环境。本书具体研究内容如下：

首先，在竞争绿色供应链环境中，考虑一个零售商在面对一个实施绿色工艺创新的上游（制造商）时，还要面对同行业中另一个竞争者（零售商），研究了下游竞争将如何影响制造商绿色工艺创新策略，以及零售商应如何决定定价策略与广告策略才能在同行业竞争中取得优势的问题。考虑了由一个制造商与两个零售商组成的动态供应链环境，将问题描述为一个制造商与零售商之间的 Stackelberg 博弈及两个零售商之间的 Nash 博弈。特别地，以制造商对绿色工艺创新投入的努力程度来测度绿色工艺创新，把绿色工艺创新过程中应用的某一个绿色创新技术用一个动态过程来描述，并通过动态规划原理与数值方法分析供应链成员的最优运营与营销策略。通过对解析解与数值模拟的分析与讨论，发现在长期经营中选择绿色工艺创新对制造商来说是最优策略。制造商决定绿色工艺创新策略受到不同零售商的策略与不同市场情形的影响。然而，同行业竞争中广告影响力较小的零售商占据主要市场对制造商是非常有利的情形。如果广告影响力处于劣势的零售商最初的市场分担比例不处于极低水平，那么其在同行业竞争中可以获得优势。

其次，在合作供应链环境中，考虑下游零售商也可以作为绿色产品创新策略的决策者，本书研究了下游零售商与上游制造商建立不同合作水平的成本分担契约将如何影响绿色产品创新策略与定价策略的决策问题。笔者设置了包含一个制造商与一个零售商的二级供应链，先分析了在成本分担比例为外生变量时，制造商与零售商分别作为制定者来制定绿色产品创新策略的情形；再分析了制造商与零售商以讨价还价的方式共同决策成本分担比例时，制造商或零售商作为策略主导者来制定绿色产品创新策略的情形。通过采用逆序递推法求解模型，并对解析解与数值模拟进行了进一步分析，结果表明，在分担比例外生时，作为绿色产品创新策略决策者的一方如果承担低比例的创新成本，则其将制定较高水平的绿色产品创新努力策略。在分担比例内生时，创新策略的决策者如果拥有高议价能力且承担低比例的创新成本，则其可制定最优的绿色产品创新策略。特别地，供应链成员之间合作水平的提高削弱了制造商或零售商主导创新策略的绝对优势，缩小了制造商主导创新与零售商主导创新这两种情形关于绿色产品创新策略、定价策略及成员利润之间的差异，可以使供应链成员之间更加协调。此外，合作水平还将影响制造商与零售商双赢结果的出现，在合作水平低时，制造商与零售商之间不会出现双赢结果；在合作水平高时，制造商与零售商之间会出现双赢结果。双赢区域的大小仅与单位生产成本和市场需求密切相关。

最后，在竞合供应链环境中，研究了下游绿色产品创新策略是否会影响上游外包商入侵，以及下游如何采用绿色产品创新策略与入侵的上游外包商竞争的问题。特别地，考虑了创新溢出效应与外包供应商入侵情形，即在模型中将外包供应商仿制水平的程度刻画出来。本书分析了两种情形：一是外包供应商不入侵市场，仅为制造商生产核心零部件时，制造商将如何制定绿色产品创新策略的情形；二是外包供应商入侵市场时，供应商将如何制定批发价格策略，并且制造商又将如何制定绿色产品创新策略与供应商竞争的情形。通过采用逆序递推法求解模型，并对解析解与数值模拟进行进一步分析，结果表明，在大多数情形中供应商入侵会损害制造商利益。然而，有趣的是，如果供应商在仿制水平低且消费者更青睐低价格仿制品的情形下入侵，则可以实现供应商与制造商双赢的结局。绿色产品创新可以作为主要工具以阻止仿制品入侵且提高自身产品差异度与环保性。如果供应商仿制能力处于较高水平，那么供应商入侵市场的可能性就小。此外，本书还对主模型进行了扩展研究，进一步将供应商单位生产成本纳入考虑，扩展模型的结果表明，上述结论与见解依然成立，验证了主模型具有稳健性。

岳静宜

2024 年 5 月

目　录

第一章　绪论

第一节　选题背景与研究意义

一、选题背景

制造业是国民经济的主体，自改革开放以来，我国制造业得到了迅速发展，规模不断扩大，已成为全球制造业第一大国。中国制造在为全世界源源不断地提供物质财富的同时，也带来了大量的资源消耗和污染物排放。严峻的资源环境形势已经成为我国制造业可持续发展的瓶颈。经济发展在给人们带来前所未有的物质文明与精神享受的同时，也对自然生态环境造成了巨大压力。

在经济发展与环境保护的双重压力下，推动产业升级转型进而更加绿色化是实现我国经济增长和改善自然生态环境质量双目标的重要路径。习近平总书记指出，绿色发展是构建高质量现代化经济体系的必然要求，是解决污染问题的根本之策。① 党的十九届四中全会对"坚持和完善生态文明制度体系，促进人与自然

---

① 以习近平生态文明思想为指导　坚决打好打胜污染防治攻坚战［EB/OL］.（2018-06-15）. http：//theory. people. com. cn/n1/2018/0615/c40531-30061476. html.

和谐共生"进行了统筹安排，为处理好经济发展与生态环境保护的关系指明了方向。① 会议明确提出要完善绿色生产与绿色消费的法律制度和政策导向，推进市场导向的绿色技术创新，更加自觉地推动绿色循环低碳发展。在绿色发展的大背景下，绿色供应链是在传统供应链管理中融入了全生命周期、生产者责任延伸等理念的创新型供应链管理模式，根据国家标准《绿色制造—制造企业绿色供应链管理导则》（GB/T 33635—2017），绿色供应链是指将环境保护和资源节约的理念贯穿企业从产品设计到原材料采购、生产、运输、储存、销售、使用和报废处理的全过程，使企业的经济活动与环境保护形成相协调的上、下游供应关系。探索打造绿色供应链为导向的新路子，就要依托上、下游企业之间的供应关系，以核心企业为支点，开展绿色供应商管理等工作，持续推动供应链上企业实现盈利目标的同时提高环境绩效。此举既有助于顺应绿色发展大势，又可以推动供应链协同、共赢与高质量发展，提升企业竞争力，实现制造业可持续高质量发展。

近些年，我国正在积极建设并完善相关制度环境，以进一步鼓励企业投入绿色供应链建设中。自"十三五"以来，国家更是密集出台了《国务院办公厅关于积极推进供应链创新与应用的指导意见》《工业绿色发展规划（2016-2020年）》《"无废城市"建设试点工作方案》《绿色制造—制造企业绿色供应链管理导则》等相关政策和标准，并配套实施了绿色制造系统集成、绿色制造体系建设示范、供应链创新与应用试点示范等项目，调动了部分企业的参与热情。同时，2021年的《政府工作报告》把更好发挥创新驱动发展作用作为2021年重点工作之一，依靠创新推动实体经济高质量发展，培育壮大新动能。由此可见，创新可以为推动企业转型升级、绿色发展提供助力。此外，"十四五"规划首次对企业创新进行了单独的讨论，指出要加强企业技术创新能力，促进企业技术创新体系的形成与发展，并激励企业加大研发投入。

正如创新是发展的动力，绿色创新则是引领绿色经济和可持续发展的动力。绿色创新作为绿色与创新两大发展理念的结合体，是指遵循生态原理和生

① 中国共产党第十九届中央委员会第四次全体会议公报［EB/OL］．（2019-10-31）．https：//www.12371.cn/2019/10/31/ARTI1572515554956816.shtml.

态经济规律，既能节约资源与能源，又能避免、消除或减轻对生态环境的污染与破坏，以实现生态负效应最小的"无公害化"或"少公害化"的技术创新、工艺创新与产品创新的总称（胡忠瑞，2006）。绿色创新行为不仅可以直接为企业创造经济价值，还可以通过降低产品全生命周期对生态环境的负面影响为企业创造环境绩效，以促进科技创新与实体经济深度融合，强化企业创新主体地位，可以更好发挥创新驱动发展作用（宋河发等，2006；张军等，2012，2014）。

在相关政策大力引导与推动下，我国绿色供应链的建设已取得显著成效。通过国家工业和信息化部办公厅开展的五批绿色制造示范工作可知，在全国范围内已经形成189家绿色供应链管理的典型企业，如东风雷诺、海信容声、TCL、东风井关等，也有华为、金风科技等一些行业龙头企业正在主动打造绿色供应链。

例如，美的集团作为国家工业和信息化部首批电器电子行业绿色设计示范企业、首批绿色供应链管理示范企业，其在产品设计方面和生产制造环节方面均有不俗表现，有十余款产品入选绿色设计产品名单。并且，美的集团是广东第一家自愿申请并通过清洁生产认证的家电企业。那么美的集团是如何成为绿色行业发展中的领跑者的呢？这离不开美的集团对于绿色发展的深入研发与不断探索，即将绿色理念与产品设计、生产制造等环节紧密联系起来，持续不断研发出领先的绿色产品与绿色技术，如分体 AE 系列 R290 全直流变频空调，令反渗透净水器提高回收率、更节约用水的高节水膜专利技术，有效降低含磷化学洗涤剂排放的 i 智能洗衣机精准投放技术，以及让大型公共建筑制冷能效提升约30%的中央空调 M-BMS 智慧楼宇管理系统等。凭借对绿色产品与绿色制造的不断探索，美的集团持续推动行业生态向绿色发展。

然而，与发达国家相比，我国大部分企业主动打造绿色供应链的意愿仍然不强烈，主要原因有：一是我国企业普遍存在绿色创新激励不足的问题，企业不愿投入大量资源在风险高、周期长、难度大的绿色创新活动上；二是企业普遍缺乏持续研发筹资能力、绿色创新研发能力、创新资源的系统整合能力与高端创新人才的集聚能力等一系列创新要素的组合能力；三是企业缺乏可借鉴的绿色发展转型的实践经验，特别是管理经验；四是企业与企业之间难以形成有效的研发合作，无法进一步实现资源互补、创新技术共研共享。综上所述，如何促进我国绝大部分企业主动参与打造绿色供应链以实现企业绿色转型可持续发展，如何为不同企业依据其所处的不同供应链环境提供可供参考与借鉴的绿色创新投入策略、研发合作水平选择模式及绿色创新管理经验，如何形成我国绝大部分企业发展绿色供应链均适用的绿色创新机制机理还有待研究。

企业绿色创新自提出后就受到国内外学者的广泛关注，并取得了丰富的研究成果。根据 Horbach 等（2012）、Cuerva（2013）等学者的观点，在绿色供应链的创新活动管理中，企业绿色创新行为是指企业为减轻环境污染的同时促进经济可持续发展而开展的创新活动，根据不同的创新环节可以分为两个方面：其一，在企业生产产品过程中采取的改善或变革生产技术及流程，包括采用新工艺或新设备以实现污染最小化的绿色工艺创新（Tang et al.，2018；毕克新等，2011；Beise and Rennings，2005）；其二，企业从环保角度出发改善或创造产品，将产品设计研发、使用材料、产品包装等方面纳入创新考虑以进一步满足消费者绿色消费行为的绿色产品创新（王锋正等，2018；Dangelico，2016；曹柬等，2012）。

基于我国绿色供应链中创新活动缺乏绿色创新机制机理支持的发展现状，结合创新活动中两个关键创新行为：绿色工艺创新与绿色产品创新，在竞争、合作或竞合的绿色供应链环境中，制造商如何制定绿色工艺创新策略、如何选择绿色创新研发合作水平、如何制定绿色产品创新策略以合理配置稀缺资源、最大限度地发挥绿色创新效用、实现经济效益的同时改善日益严重的环境问题是需要进一步研究的。构建绿色供应链产业体系以实现企业绿色发展转型对解决我国面临的严峻环境问题与制约经济发展问题具有重要的理论价值与现实意义。

二、研究意义

（一）理论意义

第一，紧紧围绕"绿色供应链中制造商创新活动"这一中心命题，以广告策略、契约模式和企业入侵为核心要素，通过构建竞争、合作或竞合供应链环境下制造商面临不同创新问题的模型，致力于拓展和丰富制造商绿色创新策略的理论研究，为制造商创新策略管理提供重要的理论视角，以进一步丰富绿色供应链中企业创新策略的理论框架与研究机制。

第二，结合我国国情现状与现阶段社会经济发展形势，对构建我国绿色供应链中制造商关于绿色工艺创新策略与绿色产品创新策略的管理机制机理进行深入分析与探讨，为处于不同供应链环境的制造商如何制定最优绿色创新策略提供理论依据。

（二）现实意义

对绿色创新内容进行深入研究，为我国经济实现绿色转型与高质量发展注入新的增长动力。一是绿色创新可以降低企业末端治理成本与生产合法性成本；二是绿色创新在生产制作的源头降低了对资源能源的消耗量，同时也降低了污染物的生产与排放；三是绿色创新的发展提高了生产废弃物循环利用效率，为企业带来额外收益。绿色创新通过改进生产工艺与产品设计使生产工艺与产品更加绿色、环保、节能，降低治理成本的同时节约资源，在很大程度上降低了生产与消费对环境的负面影响，进一步提高了企业的市场竞争力。

企业绿色创新工作对于提升自身绿色供应链整体水平、增强经营实力与竞争力、实现供应链可持续发展、改善日益严重的环境问题都有着重要的意义与价值。因此，本书旨在分析制造商在不同供应链环境中最优绿色工艺创新策略、最优绿色产品创新策略以及最优绿色创新研发合作水平选择模式，以得到符合我国制造商绿色创新活动实践且满足经济与环境可持续发展要求的绿色工艺创新策略与绿色产品创新策略，进而为我国绿色供应链整体性能优化与升级提出切实可行的建议与启示，助力我国企业在国际市场中占据竞争优势。

第二节 研究内容与技术路线

一、研究内容

本书以着力解决突出的环境问题为契机，充分发挥环境保护推动经济转型升级、调节消费模式、提高发展质量与效益的重要抓手作用，结合绿色可持续发展理念，基于博弈论、循环经济理论与效用理论，以实现供应链绿色可持续发展为目标，研究处于竞争、合作或竞合供应链环境下制造商解决经济发展与环境保护两者并行的问题，以优化其绿色工艺创新策略与绿色产品创新策略，得出符合制造商创新管理机制切实可行的最优决策，进而得到符合我国国情的企业绿色创新活动的管理建议。全书分为六个章节，内容框架如图 1-1 所示。模型研究与数值模拟分析的主体章节为第三章至第五章，具体内容如下：

第三章考虑了下游处于竞争环境能否影响上游制定绿色工艺创新策略，研究了竞争绿色供应链环境下制造商最优绿色工艺创新策略、零售商最优广告策略与最优定价策略的选择问题。上游制造商在生产过程中采用绿色工艺创新策略以降低生产成本、吸引消费者、履行环保责任，下游零售商处于同行业竞争环境。然而，上游制造商在制定绿色工艺创新策略时需要考虑哪些因素，其又是如何被下游竞争环境影响的，并且下游零售商又是如何制定广告策略以在同行业竞争中取得优势的呢？为解答上述疑问，本章考虑了由一个上游制造商与两个下游零售商组成的动态供应链环境，将问题描述为上游制造商与下游零售商之间的 Stackelberg 博弈及两个同行业零售商之间的 Nash 博弈。特别地，本章以制造商对绿色工艺创新投入的努力程度来测度绿色工艺创新，把制造商在工艺创新过程中应用的某一个绿色创新技术用一个动态过程来描述，并将广告作为同行业零售商竞争的一种手段（竞争行为是指从仅考虑价格差异的竞争转移到包含广告效果差异的竞争）。本章通过动态规划原理与数值方法分析供应链成员的最优运营与营销策略，旨在研究竞争供应链环境对上游制造商绿色工艺创新策略的影响，以及上游创新策略对处于同行业竞争中下游零售商决策的影响。

第四章在合作供应链环境下考虑了下游零售商也可以作为绿色产品创新策略的决策者，研究了在与上游制造商建立不同合作水平的成本分担契约情形下关于绿色产品创新策略与定价策略的选择问题。下游零售商从满足消费者对产品与环保需求的角度出发，加大对上游生态体系的投资并联合上游制造商协同研发绿色产品，建立长期战略合作伙伴关系使上、下游之间的联系更加紧密，进一步增强了零售商在供应链中对绿色产品合作研发的话语权与投资规划。本章设置了包含一个制造商与一个零售商的二级供应链。首先，分析了当成本分担比例为外生变量时，制造商与零售商分别作为决策者以制定绿色产品创新策略的情形。其次，分析了制造商与零售商以讨价还价方式共同决策成本分担比例时，制造商或零售商作为策略主导者以制定绿色产品创新策略的情形。特别地，本章在绿色发展的背景下，从消费者对绿色产品的需求与偏好出发，在制造商与零售商建立绿色产品研发合作的前提下，分别赋予制造商、零售商宣布绿色产品创新策略的权利，旨在研究合作供应链环境中制造商或零售商主导绿色产品创新策略对供应链全体成员的控制策略、利润与渠道总利润的影响。

　　第五章考虑了下游绿色产品创新策略是否可以影响上游入侵，以及下游如何采用绿色产品创新策略与入侵的上游竞争，研究了竞合绿色供应链环境下制造商最优绿色产品创新策略与定价策略、供应商最优入侵策略与定价策略的选择问题。下游将如何利用绿色产品创新策略提升产品在质量与环保方面的优势，以抵制上游外包商入侵或与入侵的上游竞争以实现既竞争又合作的目标。特别地，本章考虑了创新溢出效应与外包供应商入侵情形，即在模型中将外包供应商仿制水平的程度刻画出来。本章采用博弈论方法分析一个二级供应链中供应商与制造商的决策过程。外包供应商为制造商提供核心零部件；同时，供应商具有仿制制造商自主产品的能力且可以建立专属分销渠道与制造商竞争。供应商需要根据仿制能力的高低与仿制成本的大小以决定是否入侵。出于防止供应商完全仿制其自主产品且实现自主产品更绿色环保的目标，制造商采用绿色产品创新策略以提高产品的质量与绿色度（环保贡献）。本章考虑了两种情形：一是外包供应商不入侵市场，仅为制造商生产核心零部件时，制造商该如何制定绿色产品创新策略的情形；二是外包供应商入侵市场时，供应商该如何制定批发价格策略且制造商又该如何制定绿色产品创新策略与供应商竞争的情形。此外，本章还对主模型进行了扩展补充研究，进一步将供应商单位生产成本纳入考虑，以验证主模型与主模型所得结论的稳健性。

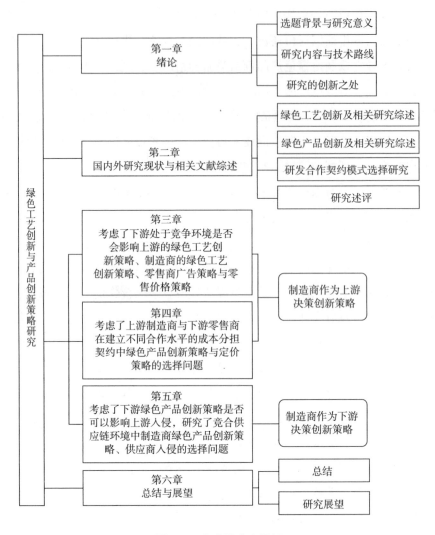

图 1-1　全书的内容框架

资料来源：笔者绘制。

二、技术路线

本书从企业绿色创新活动的实际案例出发设定研究目标，通过调查研究及相关创新策略研究文献的梳理进一步确定本书研究主题。根据从各类官方网站、统计年鉴、相关绿色创新文献资料等所获取的数据进行整理提炼，从而清晰界定研究目标及其相关影响因素，运用供应链管理理论、博弈论、微分博弈与合约理论等相关知识建立数理模型。使用动态规划原理、最优化原理、微分博弈理论及逆序递推法以求得模型最优均衡解，并利用 MATLAB、Mathematica 和 C++等软件进行数值模拟。通过对最优均衡解与数值模拟结果的分析与讨论，进一步得出制造商关于绿色工艺创新策略与绿色产品创新策略的建议与启示。本书所采用的技术路线如图 1-2 所示。

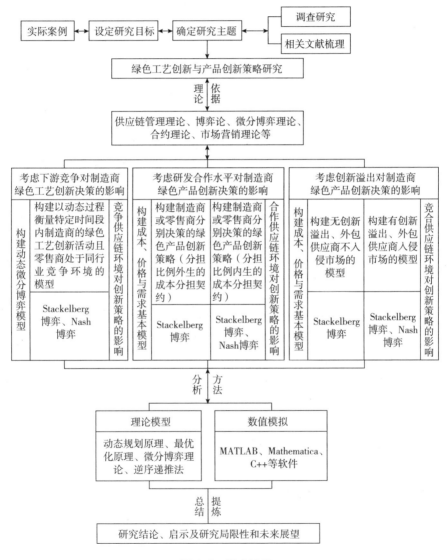

图 1-2 技术路线

资料来源：笔者绘制。

第三节　研究的创新之处

本书的主要创新之处总结如下：

第一，本书提出一种新方法以衡量与监测在一个特定时间段内制造商生产过程中绿色工艺创新活动的累积与演化，研究了竞争环境对制造商制定绿色工艺创新策略的影响。

第三章结合了 Acs 等（2002）关于衡量工艺创新的三个建议中的一个，即"从创新过程中的投入入手"，以制造商对绿色工艺创新投入的努力程度测度绿色工艺创新活动，并采用一个动态过程描述绿色工艺创新活动。具体来说，绿色工艺创新这一动态过程是以制造商在生产过程中对某一绿色创新技术掌握程度的高低来描述的。这是由于制造商采用的绿色创新技术具有动态特征，其根据所处的不同环境来选择不同的绿色工艺创新策略。第三章在绿色工艺创新作为演化过程的动态供应链环境中，研究了下游竞争将如何影响上游制造商制定绿色工艺创新策略的选择问题。结果表明，如果制造商处于考虑降低成本、提高产量的生产阶段，在长期经营中选择绿色工艺创新对制造商来说是最优策略。然而，制造商绿色工艺创新活动的进程将受到零售商策略与不同市场情况的影响。这是由于拥有不同广告影响力（较大/较小）的零售商所占据的不同销售市场份额会给制造商决策造成不同的影响。

第二，本书将零售商作为绿色产品创新策略的决策者，在采用绿色产品创新策略会产生额外单位生产成本的前提下，研究了决策权力与合作水平对成员制定绿色产品创新策略的影响。

第四章在制造商与零售商建立绿色产品研发合作契约的前提下，不仅考虑了制造商作为绿色产品创新策略的决策者，还将零售商作为绿色产品创新策略决策者的情形纳入考虑范围。特别地，采用绿色产品创新策略还将使制造商产生额外的单位生产成本。第四章在绿色产品创新策略决策权的基础上引入制造商与零售商之间建立的创新成本分担契约，在成本分担比例外生与分担比例内生两种情形下，进一步研究了成员之间不同合作水平与决策权力将如何影响成员对绿色产品创新策略的选择问题。结果表明，在分担比例外生时，作为绿色产品创新策略决策者的一方如果承担低比例的创新成本，则其将决定较高水平的绿色产品创新努力策略。在分担比例内生时，决策者如果拥有高议价能力且承担低比例的创新成本，则其有最优的绿色产品创新策略。特别地，成员之间合作水平的提高将削弱制造商或零售商主导创新策略的绝对优势，缩小了制造商主导创新与零售商主导创新这两种情形关于绿色产品创新策略、价格策略与成员利润之间的差异，使得供应链更加协调。

第三，研究了绿色产品创新的溢出效应对外包供应商入侵的影响，并将外包供应商仿制水平的程度在模型构建中刻画出来。

第五章研究了制造商创新活动的溢出效应所导致的与上游外包供应商之间的不良竞争对制造商制定绿色产品创新策略的影响。本章考虑了制造商采用绿色产品创新策略之后，外包供应商可以仿制制造商自主产品以生产、销售仿制品，并在模型构建中将外包供应商仿制水平的程度刻画出来。第五章将绿色产品创新策略作为制造商用来提高其自主产品与仿制品之间差异的工具，研究了绿色产品创新策略是如何阻止外包供应商入侵市场，又是如何与持有仿制品入侵市场的外包供应商竞争的问题。结果表明，由于创新活动的溢出效应，供应商入侵在大多数情形中将损害制造商的利益。然而，在仿制水平较低且消费者更偏好仿制品的情形下，供应商采取入侵策略将实现与制造商双赢的结果。另外，绿色产品创新策略是可以作为主要工具以阻止仿制品入侵且提高自身产品差异度与环保效果的。特别地，供应商仿制能力的水平越高，则供应商入侵市场的可能性越低。

第二章 国内外研究现状与相关文献综述

与本书主要研究内容相关的国内外研究现状与文献综述，主要有以下四个方面：绿色工艺创新及相关研究综述、绿色产品创新及相关研究综述、研发合作契约模式选择研究和研究述评。

第一节 绿色工艺创新及相关研究综述

本节将从两个方面梳理绿色工艺创新及相关研究的文献，首先是梳理绿色工艺创新内涵及相关概念发展的文献，其次是对绿色工艺创新的驱动因素的相关研究文献进行综述。

一、绿色工艺创新内涵及相关概念发展

企业的绿色创新活动自提出以来就受到国内外学者的广泛关注，并且取得了一些丰富的研究成果。通过对国内外相关文献梳理可知，企业的绿色创新涵盖了企业在绿色工艺创新、绿色产品创新与绿色组织创新三个方面的创新活动，并且绿色工艺创新与绿色产品创新又统称为绿色技术创新。然而，由于不同学者对绿色工艺创新活动的认知与定义不同，直至目前的理论研究中对绿色工艺创新内涵的定义仍未形成明确、统一的概念，存在绿色技术创新与绿色工艺创新两者同质

的情况。

Utterback 和 Abernathy（1975）按照产品生命周期的发展，将产品发展分为三个阶段，即新产品阶段、产品完善阶段与成熟产品阶段。根据 Myers 和 Marquis 的调研数据，Utterback 和 Abernathy（1975）首次提出工艺创新，得出企业在第一阶段与第二阶段实施工艺创新的可能性占比较小，但在第三阶段工艺创新的实施将占据核心位置，上述现象表明在终端产品处于成熟产品阶段时，企业会考虑实施工艺创新。本书以上述结论为基础，选择成熟产品作为研究绿色工艺创新的背景。Braun 和 Wield（1994）从产品整个生命周期的角度诠释了"绿色技术"的含义，指出在特定生产环节、制作工艺流程或终端产品中均可体现循环经济理念的技术统称为绿色技术。蔡宁和葛朝阳（2000）认为绿色技术创新是包括狭义技术创新在内，并在企业绿色研发投入、绿色生产或应用再到技术扩散三个部分完全体现绿色化所采用技术的总称。甘德建和王莉莉（2003）认为绿色工艺创新是指企业以经济发展与环境保护并存为目的，在产品生产制作流程、清洁生产技术选取方面投入的绿色创新。OECD（2009）认为绿色技术创新是指在研发投入、改进产品设计、改进新生产工艺、新营销手段等方面的创新行为，而绿色工艺创新是指更新改进生产工艺的有效行为。王园园（2013）认为绿色工艺创新是一种以节能降耗、减少环境污染为目的，遵循生态原理与生态经济发展规律的技术、生产工艺或终端技术的社会活动。杨东和柴慧敏（2015）认为绿色技术创新更强调实现资源的高效使用、废弃资源及可再生资源的充分利用或绿色产品的开发。雷善玉等（2014）指出绿色工艺创新包括在制作过程中采用的生态技术、环保技术等，其外延比较宽泛。

李昆（2017）认为绿色工艺创新是一项区别于一般技术的复杂创新行为，需要供应链成员在技术集成与资金方面的支持。原毅军和戴宁（2017）从实证角度证明了绿色工艺创新的使用可以通过降低单位生产的能源消耗与污染物排放来有效去除产能过剩。惠岩岩（2018）认为绿色技术创新可以实现四大效益最大化的目标，能够兼顾经济发展、生态平衡、社会效益与技术进步。王锋正和陈方圆（2018）根据实证研究的结果，指出企业以环保为目的而制定的管理策略对其投入绿色工艺创新具有促进作用。苏屹等（2019）运用突变模型，指出技术创新的发展流程是以孕育技术创新为开端，历经渐进性技术演化过程，最终发展为突破性技术。因此，本书结合苏屹等（2019）的结论，用制造商在生产过程中采用的某一个绿色创新技术以衡量和测度绿色工艺创新。

二、绿色工艺创新的驱动因素研究

Damanpour 和 Gopalakrishnan（2001）、Gupta 和 Loulou（1998）、Papinniemi（1999）指出有效的工艺创新可以提高企业内部组织的效率与响应能力。Chen 等（2006）认为绿色工艺创新可以通过企业所做出的环保贡献来提升企业在同行业竞争中的绝对优势及盈利能力。Hojnik 和 Ruzzier（2016）指出工艺创新可以提高企业竞争力，并且能够吸引更多的消费者、降低成本，可以说是企业盈利的一种手段。田虹和陈柔霖（2018）通过构建理论模型，发现绿色创新活动与企业所处环境的动态性可以通过绿色创新活动的增多来提升企业在竞争中的优势形象。本书将上述研究成果扩展到模型设计上。以往的研究表明，企业可以通过绿色工艺创新来降低生产成本以提高企业竞争力，同时达到节约生产原材料以改善环境并提升企业声誉，吸引有环保意识的消费者以扩大需求的目的（Jakobsen and Clausen，2016）。Ghisetti 和 Rennings（2014）的研究结果表明生产过程中能源与资源利用效率的提升会增强企业的盈利能力。在本书中，绿色工艺创新带给企业的影响并不局限于成本降低与利润提高，绿色工艺创新还改进了生产流程，在劳动力、原材料及能源消耗等方面发挥着重要作用，进一步提高了工作效率、节约了能源。同时，绿色工艺创新也是一项重要的环保举措。上述绿色工艺创新对企业在成本、需求与利润方面的影响在本书模型设计中得到了体现。

田红娜和毕克新（2012）采用问卷调查方式调查了我国制造业中一部分大中型企业绿色工艺创新的研发投入与发展现状，根据问卷结果提炼总结出八条符合并满足我国企业可持续发展工艺创新的新路径。Xie 等（2019）基于政府视角，根据 2013~2017 年中国制造业上市公司面板数据，采用实证方法总结了绿色工艺创新的驱动因素与发展路径。Dai 和 Zhang（2017）从动态角度研究了绿色工艺创新的性能，结果表明碳税会抑制企业创新。从上述文献梳理可以看出，绿色工艺管理与创新仍然是研究的重点，但是没有突出的方法可以衡量与监测在一个特定的时间段内生产过程中绿色工艺创新的水平。为填补这一空白，本书沿用上述文献在模型中描述工艺创新的思路并进行了新的扩展。与上述文献不同的是，本书结合了 Acs 等（2002）关于衡量工艺创新的三个建议中的其中一个，即"从创新过程中的投入入手"，以制造商对绿色工艺创新投入的努力程度来测度绿色工艺创新，并将该绿色工艺创新过程中应用的某一个绿色创新技术用一个动态过程描述。这个动态过程被用来描述制造商对该绿色创新技术的掌握程度并以此测度衡量绿色工艺创新，制造商对该绿色创新技术掌握程度的不同会影响其降低生产成本与环境保护的效果。制造商掌握该绿色技术的程度越高，该技术降低生产成本的效果越显著，降低的生产成本也越多，并且环保力度越大；制造商掌握该绿色技术的程度越低，降低生产成本的效果越差，并且环保力度也越小。

第二节 绿色产品创新及相关研究综述

本节将从两个角度展开对绿色产品创新及相关研究的文献综述，首先是论述绿色产品创新概念及相关研究的发展进程，其次是梳理企业绿色产品创新的影响因素的相关研究文献。

一、绿色产品创新概念及相关研究

绿色供应链中绿色产品创新一般是指提升产品绿色度的绿色创新投资，侧重产品分解、回收和再利用以取代传统产品报废环节，是一种减少环境压力且终端产品对环境造成影响较小的投资行为。在产品设计方面的绿色创新投入是实现环境保护目标的重要举措之一。Utterback 和 Abernathy（1975）、Girotra 等（2010）的研究结果表明，绿色产品创新通过降低产品可替代性以影响产品差异化程度，并且制造商在产品创新方面投入越多，产品的质量与绿色度则越高。我国规定家电产品必须标贴能效标签（曹宇和王若虹，2009），使消费者可以更加清楚地了解产品的能耗量，进而促进有环保意识的消费行为产生。

Dugoua 和 Dumas（2021）发现发展绿色经济不仅需要在生产过程中进行技术变革，还要在产品升级换代方面进行技术变革，即企业应投入绿色产品创新以升级优化产品设计与质量。Ma 等（2021）指出为满足消费者对绿色产品的偏好，企业应该致力于在技术改进方面的投资与创新，以绿色产品创新的方式作用于产品减少碳排放以提高产品绿色度。Jain 和 Ramdas（2005）开发了一个正式模型，研究了一个新产品定价应该如何随其核心组件的创新发展而动态调整。朱庆华和窦一杰（2011）认为在消费者环保意识处于较低水平时，企业不宜进行大量的绿色产品创新投入以提高产品绿色度，而是应该与上游、下游企业展开产品研究与发展的合作以减少绿色创新投入。Wong 等（2011）认为绿色产品创新能够提高企业在产品方面的竞争优势，同时树立积极的环保形象。Guoyou 等（2013）指出企业在绿色创新方面的投入可以提高环境保护管理措施的有效性，并在资源和能源消耗方面减少环境负担。Lin 等（2013）基于实证研究讨论了汽车行业中绿色创新对汽车市场与企业绩效的影响，结果指出企业对绿色创新的投入可以影响企业绩效，同时两者还可以间接刺激汽车市场以达到扩大需求的目的。本书在构建模型时延续了以上文献的思路，即绿色产品创新可以刺激需求增长，增强企业的环保贡献并提高企业的盈利能力。

二、绿色产品创新的影响因素研究

Ghosh 和 Shah（2015）讨论了企业产品绿色度、产品定价与收益在成本分担契约下的影响，结果发现产品的绿色度与供应链整体利润在零售商主导的契约或成员谈判主导的契约下有较高的体现。Zhang 等（2015）发现有效的绿色产品创新计划与公司盈利能力的提高存在正相关。伊晟和薛求知（2016）通过问卷调查法，从我国210家制造业企业中获取关于绿色创新活动方面的有效数据，结果发现在绿色供应链中，企业内部活动环境与内部生态设计对绿色工艺创新与绿色产品创新投入均有显著影响。Cui（2019）的研究结果表明制造商可以在质量改进方面适当投资以阻止供应商的模仿和侵占。本书在构建模型时延续了以上文献的思路，即绿色产品创新可以提高产品绿色度和产品差异度，是企业盈利的有效手段。

Jiang 等（2016）发现消费者后悔行为会通过定价间接地影响企业的绿色产品创新投入，促进或阻碍产品创新进程。白春光和唐家福（2017）指出企业在解决污染问题所做出的努力对收益的作用路径是由刺激市场需求增加而导致的。随着近几年消费者环保意识的增强，他们对绿色产品的需求急剧上涨，从而激励企业加大绿色产品创新研发投入（郑君君等，2018；赵爱武等，2018）。Liang 等（2018）研究了企业在考虑不同发展期策略时，面向策略型消费者销售产品是如何影响新产品的创新决策的，结果表明，企业采用适当的滚动策略向战略客户销售产品可以提高企业利润与创新水平。Yang 和 Xiao（2017）基于生产成本与需求可变性，讨论了渠道领导权与政府干预模式对绿色产品创新策略的影响，结果表明政府干预力度的加大将提高企业绿色产品创新的程度。Zhu 和 He（2017）针对集中和分散的供应链结构，研究了不同绿色产品类型与不同竞争模式如何影响绿色产品创新策略的问题，结果表明零售行业之间关于零售价格的竞争对产品绿色度起到了正向作用。Song 等（2020）根据中国 147 家企业的调查数据检测了企业环境创新实践对绿色产品创新绩效的影响，结果表明企业在改善环境方面的创新活动将完全作用于绿色创新创造力的提升。Wei 等（2020）通过实证研究探讨了绿色供应商与客户学习对绿色产品创新的影响及调节，结果发现上述两个供应链学习维度均对绿色产品创新有显著的积极影响。Zhao 等（2018）从环境随机性的三个维度研究了不同成员参与和绿色产品创新策略两者之间的协调影响，结果显示消费者与供应商的加入对制造企业绿色产品创新有积极的促进作用，并且技术的不确定性强化了这一积极影响。上述文献从消费者角度、供应链契约、政府补贴等几个方面研究了企业绿色产品创新策略的影响因素。然而，本书研究的是创新溢出效应与供应商入侵策略对制造商绿色产品创新决策的影响，结果发现供应商入侵市场后，制造商在绿色产品创新方面的投入呈现降低趋势。与上述文献不同之处在于，本书考虑了绿色产品创新策略是如何作为制造商用来提高其自主产品与仿制品之间差异的工具，是如何阻止外包供应商入侵市场，又是如何同持有仿制品进入市场的外包供应商竞争的问题。

第三节　研发合作契约模式选择研究

研发合作契约是指在同一个供应链中的上游、下游企业为克服产品研发的高额投资、规避产出可变性与投资风险，进而以合作形式进行产品研发与产品创新，通过契约方式约束成员行为而形成的研发联盟。

Albino 等（2007）指出企业之间有效的研发合作能够以最小化采购、销售、分销成本的方式缩短对产品研发所投入的时间，同时减少无效创新行为以进一步完善产品设计。吴延兵（2005）通过比较与分析独立创新结果与合作创新结果，指出合作研发能够在降低成本、降低创新风险的同时激励企业创新行为。Cachon 和 Lariviere（2005）指出相较于回购合同而言，收益共享合同对所有供应链成员来说是最有吸引力的合约选择，因为该合同可以更为广泛地协调供应链渠道。黄波等（2008）建立了供应链上、下游企业之间的垂直研发合作博弈模型，指出研发阶段的合作能够提高研发投入、最终产品产量与企业利润。刘名武等（2017）研究了碳减排率在分散决策、垂直决策与集中决策三种情形下的影响后指出，供应链成员在批发价格契约中以集中决策的方式决定碳减排率可以实现成员收益的帕累托改进。

Nouri 等（2018）在分散决策与集中决策模型研究的基础上，采用了一种新式价格契约以激励上、下游联合决策，从而在提高整个供应链收益能力的同时也提高了成员的收益能力。Hosseini-Motlagh 等（2019）采用一种新的方法分析了场景需求供应链的协调问题，并设置了一个可调节的二级价格合同使供应链成员均采用该协调契约，结果表明，该合同设置可以使供应链渠道得到协调并且增强成员的环保责任意识。Qu 和 Hu（2017）研究了在供需不确定的协同供应链中上、下游之间采用收益共享合同对研发价格的影响，结果表明，供应商在批发价格不变的情况下有较高的收益共享率，如果供应商的收益共享比例保持不变则会导致更高的批发价格。Bai 等（2017）在销售易逝品的二级供应链环境中讨论了不同模型下碳减排策略与渠道协调的问题，通过对分散模型与集中模型的结果比较可知，供应链成员之间的合作可以降低碳排放且提高成员利润。Bai 等（2019）研究了在 VMI 条件下下游竞争对易逝品碳减排效果的影响，并在此基础上提出了一种可以改善分散系统的收益与碳减排效果的收益共享契约以完美协调该供应链。Dai 等（2017）对成员之间不合作的基准情形与卡特尔化、成本分担契约进行比较，结果表明成员收益与供应链总利润在成本分担契约下要高于不合作模式，而在某一特定条件下卡特尔化则是三种情形中可实现帕累托改进的合作模式。

Chakraborty 等（2019）研究了在上游竞争环境中协同质量改进策略对供应链

成员利润的影响，结果表明，成本分担契约中的产品质量改进水平与成员收益水平均高于批发价格契约下的产品质量水平和成员收益水平。Yenipazarli（2017）考虑了研发合作契约对上游创新的作用与影响，结果发现相较于非合作情形而言，成本与收益共享相结合的契约可以有效促进上游高效创新并降低产品的单位成本。张巍和张旭梅（2009）构建了一个三级供应链博弈模型，研究结果表明成员之间的研发合作契约在产品研发投资、提高产出与利益方面都要优于成员之间不建立研发合作关系的情景。王强等（2010）在价格竞争基础上研究了研发合作对企业研发投入的影响，结果显示无论是否参与研发合作，低成本企业的产品定价较低且更倾向于投入更多的研发成本。孙晓华和郑辉（2012）通过对四种研发合作模式的研究指出，研发合作模式对产品研发投入的影响随着技术创新溢出效应的变化而变化。张立等（2014）建立了双寡头之间的合作研发模型，结果表明，企业若将技术完全共享于合作成员则可达到全体成员帕累托最优。Roma 和 Perrone（2016）通过比较依赖结果的成本分担契约与依赖预期的成本分担契约下的企业收益与社会福利，发现上述两种契约的表现力与企业之间的竞争力相关。傅建华等（2016）指出只有在产品差异化明显时，企业才会积极参与研发合作；反之，企业更倾向于选择独立研发策略。Yang 等（2017）在两个竞争的绿色供应链环境下比较了水平研发合作与垂直研发合作的优劣势，结果显示上、下游之间的垂直研发合作模式可以大幅度降低碳排放量，而水平研发合作模式将以零售商与消费者利益为代价。Ma 等（2017）的研究结果表明，相较于批发价格契约而言，两部收费契约能够在信息对称和非对称情形下最大化零售商收益并提高外包商投资企业社会责任的承诺。Xu 等（2017）将批发价格契约与成本分担契约这两种契约中供应链成员的最优经营策略与两部收费契约相结合，结果表明该联合契约将实现所有成员均获得高于其他模式的收益。然而，在上、下游建立研发合作契约的前提下，对零售商主导绿色产品创新的研究还有一些空白。因此，本书将在绿色供应链背景下，从消费者对绿色产品的需求与偏好出发，在制造商与零售商建立绿色产品研发合作契约的前提下，分别赋予制造商与零售商宣布绿色产品创新策略的权利，旨在通过对比而得出绿色产品创新策略主导权与不同契约合作水平对制造商、消费者及整个供应链的影响。

第四节　研究述评

通过上述文献梳理可以发现，国内外学者在绿色工艺创新与绿色产品创新相关的研究与发展方面起到了非常重要的推动作用，并取得了十分丰硕的研究成果。然而，在关于绿色工艺创新与绿色产品创新衡量与监测的方法、决策权问题、研发契约选择问题及影响因素研究等方面还需要进一步完善。

（1）以往文献通过问卷调查法、实证研究、理论研究等方法表明，绿色工艺创新可以通过许多途径为企业创造收益，如以降低生产成本、提高生产过程中资源能源利用率的方式提高企业竞争力，以节能环保方式为企业树立良好的形象并吸引具有环保意识的消费者以扩大需求等。然而，仍然没有突出的方法可以衡量与监测在特定时间段内生产过程中绿色工艺创新的累积与演化。为填补这一空白，本书将在数学模型中用一个动态过程来衡量与监测绿色工艺创新活动的累积与演化。

（2）以往文献从消费者角度、供应链契约、政府补贴、企业内部创新活动等几个方面研究了企业绿色产品创新策略的影响因素，结果表明绿色产品创新是企业提高产品质量、产品绿色度、产品差异化程度的有效手段。然而，企业创新活动的溢出效应所导致的企业与外包上游之间的不良竞争对企业绿色产品创新的影响还有待进一步研究。因此，本书研究了创新溢出效应与外包供应商入侵策略对制造商绿色产品创新决策的影响。

（3）以往文献以供应链成员之间选择不同研发合作契约对成员收益、供应链渠道协调、创新投入等方面的影响为角度，探讨了供应链成员对产品共同研发、共同投入的最优合作模式的选择问题。还有部分文献以实现供应链成员帕累托改进为目标，设计了丰富的研发合作契约形式以使供应链实现完美协调。然而，在上、下游之间建立研发合作契约的前提下，对零售商主导绿色产品创新的研究还有一些空白。因此，本书将在制造商与零售商建立绿色产品研发合作契约的前提下，分别赋予制造商与零售商宣布绿色产品创新策略的权利，旨在通过对比而得出绿色产品创新策略主导权与不同研发契约合作水平对制造商、消费者及整个供应链的影响。

第三章　下游竞争对制造商绿色工艺创新决策的影响

本章研究了同时面对一个实施绿色工艺创新的上游（制造商）和同行业中另一个竞争者（零售商），零售商该如何制定定价策略与广告策略才能在竞争中取得优势，以及下游竞争将如何影响制造商的绿色工艺创新策略的问题。本章建立了包含一个上游制造商与两个下游零售商的动态供应链环境，将问题描述为上游制造商与下游零售商之间的 Stackelberg 博弈及两个同行业零售商之间的 Nash 博弈，通过对解析解与数值模拟的分析，得出了如下结论：首先，在长期经营中选择绿色工艺创新对制造商来说是最优策略。其次，制造商制定绿色工艺创新策略受到不同零售商的策略与不同市场情形的影响。然而，同行业竞争中广告影响力较小的零售商占据主要市场对制造商是非常有利的情形。最后，在同行业竞争初始处于劣势的零售商可以通过调节广告策略与零售价格策略以在竞争中占据优势。

第一节　研究背景与问题描述

在科技飞速发展的 21 世纪，企业如果要在市场竞争中占据有利地位，不仅要及时调整自身的发展战略与经营方针，还要着重于创新。创新作为一种基本行为，具有多种多样的表现形式，并涉及企业活动的方方面面。由企业创新活动的定义可知，创新包含产品创新、工艺创新、市场创新与管理创新这四类创新。其中，产品创新与工艺创新是受企业关注度最高的两种创新行为。产品创新是指企业为消费者提供某种全新产品或者某种新服务，从而区别于其他竞争者以达到吸引消费者眼球、为企业盈利的目的。工艺创新则是指企业采用新的或有重大改进的生产方式，通过节能降耗、提高材料利用率等方式以降低成本、保护环境，从而实现企业产出最大效益。

企业开展产品创新或工艺创新活动的目的是获得经济效益，然而两者创新活动的作用路径与实施方式均不相同。产品创新更加侧重于创新行为的结果，即生产销售全新产品。然而，工艺创新更加侧重于创新行为的过程，即在生产制作环节投入创新活动。如今，许多企业存在重视产品创新而忽视工艺创新的现象。然而，许多企业案例表明，工艺创新必须受到重视。例如，1992 年，当时世界上最大的 IT 公司之一惠普（Hewlett-Packard）提出了"为环境而设计"的理念，旨在生产过程中提高能源效率、减少材料使用、提高材料创新、降低危险材料使用等①。又如，英国面包店 The Bread Factory 安装了新的节能烤箱，并通过改进生产流程的方式减少原材料浪费②。再如，羽绒服生产商巴塔哥尼亚（Patagonia）采用回收聚酯材料制作外套③。

例如，1848 年创立的中国民族品牌——老凤祥，是一个非常著名的珠宝品牌。在 170 多年的发展历程中，老凤祥坚持在品牌建设、产业结构调整、产品创新等方面继承与创新并持续取得重大突破。目前，老凤祥已经拥有独立的珠宝研究所、珠宝加工中心和珠宝有限公司。老凤祥积极响应"国家品牌工程"建设的号召，加大绿色技术创新力度，加快产品结构调整，提高产品技术含量和附加值，以创造更高的品牌价值。随着新黄金首饰消费时代的来临，老凤祥更加注重在文化黄金、工艺黄金与新技术黄金三个方面的推广与发展，创立了"新概念金饰"。此外，老凤祥携手上海交通大学历时三年研发的"硬足金"技术获得了我国的发明专利，并在此技术上采取工艺创新的同时采用行业前沿的表面处理工艺，改进普通足金质地柔软的不足，在黄金硬度、纯度、质感与表面效果方面取

---

① 参见 http：//www.hp.com/hpinfo/globalcitizenship/gcreport/products/dfe.html。
② 参见 http：//www.breadltd.co.uk/about/_us/green/_statement。
③ 参见 http：//www.patagonia.com/us/product/patagoniamens-down-sweater-jacket? p = 84673-0-331。

得重大突破[1]。

老凤祥不仅注重品牌知名度的提升，还采用灵活的销售模式，即直营店与加盟店两种销售渠道。直营店由老凤祥直接管理，具有全国统一定价与服务标准。加盟店在总店授权经销商后，拥有自主定价权与专属销售模式，各店可根据自身运营情况制定专属销售模式与活动方案。直营店与加盟店根据不同的市场特点，进行一系列品牌推广、广告宣传和个性化营销活动，在宣传产品的同时也让广大消费者了解老凤祥独特的工艺技术，也为老凤祥吸引了一批充满活力的消费群体[2]。

结合老凤祥的案例，上游制造商在生产过程中采用绿色工艺创新策略，以降低生产成本、吸引消费者、履行环保责任。然而，上游制造商在决定绿色工艺创新战略时需要考虑哪些因素的影响，并且下游零售商又是如何制定广告与定价策略以在同行业竞争中取得优势呢？以往的研究指出有效的绿色工艺创新活动可以在降低生产成本、创造经济效益的同时实现节约资源、降低能源消耗并减少污染物排放，即绿色工艺创新可以影响生产技术、生产成本与需求，本章在构建模型时均考虑了上述影响。根据制造系统基本活动中重要的四个要素，Ayhan 等（2013）提出了新的绩效指标和工艺创新程度来监控和度量在制造过程中的创新活动。Reimann 等（2019）把工艺创新引入到静态博弈模型中并采用一个控制策略进行描述，重点研究了再制造与通过工艺创新降低可变再制造成本机会之间的关系。此外，Wang 等（2019）将工艺创新引入到动态微分博弈模型中并采用一个控制策略进行描述，研究了南方某企业在产品和工艺创新方面的最优研发组合。Li（2017）、Li 和 Ni（2016）从干中学的角度对工艺创新进行研究，在动态微分博弈模型中采用一个状态变量描述该问题。从上述研究可以看出，绿色工艺管理与创新仍然是研究重点，但是没有显著突出的方法以衡量与监测在一个特定的时间段内生产过程中绿色工艺创新的水平。为填补这一空白，本章沿用上述文献在模型中描述工艺创新的思路并进行了新的扩展。与上述文献不同的是，本章结合了 Acs 等（2002）关于衡量工艺创新的三个建议中的一个，即"从创新过

---

① 黄浦老字号｜老凤祥豫园分号：新概念金饰登场［EB/OL］.（2019-05-07）. https：//www.sohu. com/a/312463391_ 391448.

② 参见 http：//www.laofengxiang.com/about。

程中的投入入手",以制造商对绿色工艺创新投入的努力程度来测度绿色工艺创新活动,并结合苏屹等(2019)的结论,采用一个动态过程来描述绿色工艺创新过程中应用的某一个绿色创新技术。对广告策略的研究文献指出广告可以影响市场需求,是可以提高品牌知名度的有力工具(Jørgensen et al. , 2000;Karray and Zaccour, 2006;Xie and Neyret, 2009;Yan, 2009)。本章构建两个竞争零售商的需求函数则是基于上述依据,零售商的需求与自身广告投放量呈正相关关系,与竞争对手广告投放量呈负相关关系。此外,学者更关注对合作广告的研究。合作广告是制造商与零售商之间的一种互动模式,即制造商承担零售商在广告宣传投资中的部分开支,以激励零售商大力投资于广告宣传,进而提升产品的销售量、增加销售收益(Zhou et al. , 2017;Chutani and Sethi, 2018)。Jørgensen 和 Zaccour(2014)对合作广告行为进行了研究,发现许多结果是可以从静态环境延续到动态环境的,并提出未来的研究可以朝着研究制造商(零售商)同行业之间广告竞争的方向努力。为填补这一空白,本章的研究主要考虑将广告作为同行业零售商竞争的一种手段,竞争行为是指从仅考虑价格差异的竞争转移到包含广告效果差异的竞争。

基于上述研究背景,为了深入了解零售商应该如何制定定价策略与广告策略以面对实施绿色工艺创新的上游(制造商),同时面对同行业竞争中另一个零售商(竞争对手),以及在下游竞争环境下,制造商应该如何优化自身策略的问题,本章的研究问题如下:

(1)制造商在什么情形下更加倾向于实施绿色工艺创新?下游同行业竞争是否会对制造商绿色工艺创新策略造成影响?

(2)零售商在上游制造商实施绿色工艺创新时应该如何决定定价策略与广告策略才能在同行业竞争中获得优势?

为了解决以上问题,本章将使用博弈论方法以分析包含一个制造商与两个零售商组成的动态供应链环境的决策过程,将问题描述为上游制造商与下游零售商之间的 Stackelberg 博弈及两个同行业零售商之间的 Nash 博弈。本章采用动态规划原理求解无穷时间的微分博弈问题,得到整个状态空间下各个控制决策的最优解析解,即所得到的解析解为供应链成员决策变量的最优时间路径。也就是说,对于每个决策变量,均可得到该变量在不同时期下的最优值。上游制造商需要制定批发价格策略、绿色工艺创新策略。下游零售商需要各自制定零售价格策略、广告努力投入策略。

本章的研究贡献如下：①本章提出了一种新的方法以衡量在特定时间段内制造过程中的绿色工艺创新活动。本章采用动态过程描述绿色工艺创新，具体来说，绿色工艺创新这一动态过程是以制造商对该绿色创新技术掌握程度的高低来描述的。这是由于制造商投入的绿色创新技术具有动态特征，其根据所处环境不同将投入不同的绿色工艺创新策略。②本章在零售商的同行业竞争中考虑以广告策略作为主要竞争手段，以进一步研究广告策略是否可以作为同行业之间的竞争方式。③本章得出的两个主要结论可以对现有文献做一些补充。制造商关于绿色工艺创新策略是受不同零售商的不同广告影响力及不同市场情形的影响。如果初始市场比例不处于极低水平，广告影响力处于劣势的零售商在同行业竞争中可以获得优势。

第二节 模型描述与符号说明

本章考虑了动态供应链环境中，制造商在生产环节采用绿色工艺创新技术以减少能源消耗的方式生产绿色产品，并将产品分别批发给一个零售商（零售商1）与另一个独立零售商（零售商2），两个零售商再将绿色产品分别销售给消费者。

为了便于分析下游竞争对上游绿色工艺创新策略的影响，本章假设制造商以同一批发价格将绿色产品按一定比例分别批发给零售商1和零售商2，并且制造商、零售商1与零售商2之间的信息是互相对称的，即制造商和零售商都能充分了解市场上有关产品的全部信息，不存在信息不对称的情况。

表3-1为本章研究所涉及的符号释义。

表3-1 本章的符号释义

分类	符号	释义
下角标	M	制造商
	R_i	零售商1（$i=1$）或零售商2（$i=2$）

分类	符号	释义
参数	$t \geqslant 0$	时间
	$A(t)$	t 时刻制造商的绿色创新技术水平
	a	制造商初始绿色创新技术水平
	$c(t)$	t 时刻单位生产成本
	$D(t)$	t 时刻产品的市场总需求
	$D_i(t)$	t 时刻零售商 i 的需求
	r	贴现因子
	J_M	制造商的值函数
	J_{R_i}	零售商 i 的值函数
决策变量	$x(t)$	t 时刻制造商的绿色工艺创新努力
	$\omega(t)$	t 时刻的批发价格
	$y_i(t)$	t 时刻零售商 i 的广告努力
	$p_i(t)$	t 时刻零售商 i 的零售价格

资料来源：笔者绘制。

制造商关心的是在绿色工艺创新中投入多少绿色工艺创新努力，以及对绿色创新技术掌握的熟练程度。根据以往文献（Li，2017），本章采用一种新方式以衡量与监测特定时间段内制造商对绿色工艺创新活动的进展程度。也就是说，采用一个动态过程以描述制造商在一段时间内掌握某一个绿色创新技术的程度。本章用 $A(t)$ 表示制造商在 t 时刻对该绿色创新技术的掌握水平，则绿色创新技术水平的变化率即整个动态供应链环境的状态方程如下：

$$\dot{A}(t) = x(t) - \gamma A(t), \quad A(0) = a \geqslant 0 \tag{3-1}$$

其中，$\dot{A}(t)$ 是 $A(t)$ 对 t 的导数，$a \geqslant 0$ 表示制造商掌握绿色创新技术的初始水平。为了简化模型，本章设置绿色创新努力 x 的系数为 1，这表示制造商投入绿色工艺创新努力对提高绿色创新技术水平具有正向影响。参数 $\gamma > 0$ 表示由于生产设备的老旧或其他原因导致绿色创新技术水平的降低。

现存文献更多考虑的是制造商为了减少生产成本而投入的努力对成本函数的影响。然而，与上述文献不同的是，本章假设生产成本的减少与制造商当下掌握的创新技术水平相关。上述假设也是合理的，这是由于制造商实施绿色工艺创新的主要目的是降低其产品的边际生产成本，即制造商对绿色创新技术的掌握程度会影响边际生产成本的降低效果。换句话说，制造商掌握不同程度的绿色创新技术，作用于边际生产成本的效果不同。因此，本章在构建成本函数时把绿色工艺创新这个动态因素纳入考虑范围，即成本函数与当前的绿色创新技术水平有关。本章用 c 表示制造商的单位生产成本：

$$c(t) = \lambda - \theta A(t) \tag{3-2}$$

其中，参数 $\lambda > 0$ 表示制造商不投入绿色工艺创新努力的原始单位生产成本。参数 $\theta > 0$ 表示制造商的绿色创新技术水平对单位成本的降低效应。

与以往文献不同（Reimann et al.，2019；Wang et al.，2019；Zhou et al.，2017；Song et al.，2017），本章在构建需求函数时假设需求函数与制造商绿色工艺创新活动的水平相关。制造商采用绿色工艺创新体现在制造商对绿色创新技术的掌握程度上，即制造商掌握该创新技术的程度与产品的绿色程度是密切相关的。制造商掌握绿色创新技术的程度不同，对其需求函数的影响效果不同。因此，本章把动态影响因素纳入构建需求函数的考虑中，即需求函数与当前绿色工艺创新水平相关。除被绿色创新技术影响之外，本章假设需求函数还受零售价格的影响，这是由于消费者是否购买商品的行为在很大程度上是由零售价格的高低所决定的。市场上每个零售商销售的是同一款产品，则每个零售商设定的零售价格相差甚微，如果市场上该产品的零售价格在消费者心理可承受价格的范围之内，那么该消费者就会成为该产品顾客群体中的一员。例如，老凤祥的特许经营店和直营店的每日金价虽不相同但差距甚微，当金价在消费者心理可承受的范围之内，消费者才会发生购买行为。本章由经典线性需求函数 $D_{ne}(t) = \alpha - p$ 推导出该绿色产品在市场上的总需求函数，用 $D(t)$ 表示：

$$D(t) = F - p_1(t) - p_2(t) + \delta A(t) \tag{3-3}$$

其中，参数 $F > 0$ 表示该产品潜在的市场需求。p_1 和 p_2 的系数为负，表示零售价格对需求量的负向影响。随着绿色消费理念深入人心，消费者渐渐把绿色理念融入购买消费行为中。然而，当下大多消费者对传统产品本身的环保效果并不满意，因此，本章认为制造商的绿色生产行为会促进需求量的增长，参数 $\delta > 0$ 表示制造商掌握绿色创新技术的程度对需求函数的正向影响，又因为消费者对零售价格的敏感程度比对绿色工艺创新的敏感程度更高，则有 $\delta < 1$。特别地，为确保

制造商不投资绿色工艺创新的情形下，产品需求量与利润率为正，本章假设 $F-2\lambda>0$。

制造商以一定比例将产品分别批发给零售商 1 和零售商 2，即零售商 1 和零售商 2 的市场需求各占市场总需求的一部分。本章假设制造商将产品总数量的 φ 部分批发给零售商 1，外生变量 φ 的取值由制造商根据该零售商近几年的销售额及地理因素等要素来决定。鉴于模型考虑了两个零售商之间的竞争，因此假设 $0<\varphi<1$。两个零售商即时根据市场变化通过动态调整广告宣传策略进行竞争，以刺激消费者需求，即零售商的广告努力将进一步动态地影响各自的需求函数。零售商 1 的需求函数 $D_1(t)$ 如下：

$$D_1(t) = \varphi D(t) + \alpha y_1(t) - \beta y_2(t) \tag{3-4}$$

其中，参数 $\alpha>0$ 表示零售商 1 的广告努力对自身需求函数的正面促进作用。参数 $\beta>0$ 表示零售商 2 的广告努力对零售商 1 的需求函数有负面效应。本章假设零售价格对需求函数的影响系数为 1，现实生活中的消费者对产品零售价格的敏感度要高于对绿色工艺创新和广告宣传的敏感度，因此进一步假设 $\alpha<1$ 和 $\beta<1$。

同理，零售商 2 的需求函数 $D_2(t)$ 满足下式：

$$D_2(t) = (1-\varphi)D(t) - \alpha y_1(t) + \beta y_2(t) \tag{3-5}$$

第三节 微分博弈模型

本章沿用了现有文献中制造商工艺创新成本与零售商广告宣传成本以二次型形式给出（Song et al.，2017；He et al.，2009），即 t 时刻制造商的绿色工艺创新成本为 $\frac{1}{2}x^2(t)$，零售商 1 和零售商 2 的广告成本分别为 $\frac{1}{2}y_1^2(t)$ 和 $\frac{1}{2}y_2^2(t)$。上述二次型成本形式的设置表明，随着绿色工艺创新努力投入、广告努力投入的增加，所必需的创新研发成本与广告宣传成本也在增加，这也是收益递减规律原理的体现。在时间 $t \in (0+\infty)$ 时，供应链成员的非负贴现用 r 表示，则零售商 1、零售商 2 与制造商的目标泛函分别表示为：

$$J_{R_1} = \int_0^\infty e^{-rt} \left\{ \left[p_1(t) - \omega(t) \right] D_1(t) - \frac{1}{2} y_1^2(t) \right\} dt \tag{3-6}$$

$$J_{R_2} = \int_0^\infty e^{-rt} \left\{ \left[p_2(t) - \omega(t) \right] D_2(t) - \frac{1}{2} y_2^2(t) \right\} dt \tag{3-7}$$

$$J_M = \int_0^\infty e^{-rt} \left\{ \left[\omega(t) - c(t) \right] D(t) - \frac{1}{2} x^2(t) \right\} dt \tag{3-8}$$

因此，本节构建了包含 6 个控制变量 $x(t)$，$\omega(t)$，$p_1(t)$，$y_1(t)$，$p_2(t)$，$y_2(t)$ 与一个状态变量 $A(t)$ 的微分博弈，如下所示：

$$\max_{p_1(t),\, y_1(t) \geqslant 0} \int_0^\infty e^{-rt} \left\{ \left[p_1(t) - \omega(t) \right] D_1(t) - \frac{1}{2} y_1^2(t) \right\} dt \tag{3-9}$$

$$\max_{p_2(t),\, y_2(t) \geqslant 0} \int_0^\infty e^{-rt} \left\{ \left[p_2(t) - \omega(t) \right] D_2(t) - \frac{1}{2} y_2^2(t) \right\} dt \tag{3-10}$$

$$\max_{\omega(t),\, x(t) \geqslant 0} \int_0^\infty e^{-rt} \left\{ \left[\omega(t) - c(t) \right] D(t) - \frac{1}{2} x^2(t) \right\} dt \tag{3-11}$$

s. t. $\dot{A}(t) = x(t) - \gamma A(t)$，$A(0) = a \geqslant 0$

上游制造商与两个下游零售商进行 Stackelberg 博弈，零售商 1 与零售商 2 进行 Nash 博弈。模型的博弈顺序如下：

（1）制造商制定批发价格策略 $\omega(t)$ 与绿色工艺创新努力策略 $x(t)$；同时，投入绿色工艺创新技术以实现自身利润最大化。

（2）零售商 1 和零售商 2 同时制定各自的零售价格策略 $p_i(t)$ 与广告努力策略 $y_i(t)$，作为对制造商策略的最优响应。

对于上述 Stackelberg 微分博弈模型，本章给出了一个反馈 Stackelberg 均衡解。与开环均衡中的参与成员不同，闭环均衡中的决策成员可以即时对市场进行监控，以便及时对市场的变化做出相应调整策略，使得闭环均衡更接近管理实践，更符合经验数据（Chintagunta and Vilcassim，1992）。这意味着，制造商在每一时刻将绿色工艺创新努力和批发价格作为绿色创新技术的函数，接着两个零售商分别制定零售价格策略作为在该时刻对制造商控制策略决策的最优响应。因此，本章推导出了一个闭环均衡解。与一般的无限时间域微分博弈一样，本章考虑了所有博弈方的策略都是静止的情况，这表示决策并不明确地依赖于时间变量（Bensoussan et al.，2015；Erickson，2011；Li et al.，2015；Martin - Herran，

2012)。

为了得到反馈均衡策略，采用逆向求解法对模型求解，首先在已给定的批发价格与绿色工艺创新努力的情形下求解两个零售商的决策问题，接着把两个零售商的反应函数代入制造商利润函数以求解制造商的最优决策问题。

先求解零售商 1 的情形，设 V_{R_1} 表示零售商 1 的值函数，进一步得到哈密顿–雅可比–贝尔曼方程（HJB 方程）如下：

$$rV_{R_1} = \max_{p_1,y_1 \geqslant 0} \left\{ (p_1-\omega)\left[\varphi(F-p_1-p_2+\delta A)+\alpha y_1-\beta y_2\right] - \frac{1}{2}y_1^2 + \frac{\partial V_{R_1}}{\partial A}(x-\gamma A) \right\} \quad (3\text{-}12)$$

对式（3-12）求解零售商 1 关于 p_1 和 y_1 的一阶条件以最大化零售商 1 的值函数，可得

$$2\varphi p_1 - \alpha y_1 + \varphi p_2 + \beta y_2 = \varphi \ (F+\delta A+\omega) \qquad\qquad (3\text{-}13)$$

$$\alpha p_1 - y_1 = \alpha\omega \qquad\qquad (3\text{-}14)$$

通过对式（3-12）求解关于 p_1 和 y_1 的二阶导数与联合偏导，以及 Hessian 矩阵可得

$$\frac{\partial^2 V_{R_1}}{\partial p_1^2} = -2\varphi < 0, \quad \frac{\partial^2 V_{R_1}}{\partial y_1^2} = -1 < 0, \quad \frac{\partial^2 V_{R_1}}{\partial p_1 \partial y_1} = \frac{\partial^2 V_{R_1}}{\partial y_1 \partial p_1} = \alpha > 0$$

$$H(p_1, \ y_1) = \begin{pmatrix} \dfrac{\partial^2 V_{R_1}}{\partial p_1^2} & \dfrac{\partial^2 V_{R_1}}{\partial p_1 \partial y_1} \\ \dfrac{\partial^2 V_{R_1}}{\partial y_1 \partial p_1} & \dfrac{\partial^2 V_{R_1}}{\partial y_1^2} \end{pmatrix} = \begin{pmatrix} -2\varphi & \alpha \\ \alpha & -1 \end{pmatrix}$$

从 Hessian 矩阵可知，需要满足条件 $2\varphi-\alpha^2>0$，Hessian 矩阵才可对所有的 p_1 和 y_1 都为负定，因此进一步假设 $0<\alpha<\sqrt{2\varphi}$。

同理，设 V_{R_2} 表示零售商 2 的值函数，进一步得到 HJB 方程如下：

$$rV_{R_2} = \max_{p_2,y_2 \geqslant 0} \left\{ (p_2-\omega)\left[(1-\varphi)(F-p_1-p_2+\delta A)-\alpha y_1+\beta y_2\right] - \frac{1}{2}y_2^2 + \frac{\partial V_{R_2}}{\partial A}(x-\gamma A) \right\}$$

$$(3\text{-}15)$$

对式（3-15）求解关于 p_2 和 y_2 的一阶条件以最大化零售商 2 的值函数，如下所示：

$$(1-\varphi)p_1+\alpha y_1+2(1-\varphi)p_2-\beta y_2=(1-\varphi)(F+\delta A+\omega) \tag{3-16}$$

$$\beta p_2-y_2=\beta\omega \tag{3-17}$$

通过对式（3-15）求解关于 p_2 和 y_2 的二阶导数与联合偏导，以及 Hessian 矩阵可知，需要满足条件 $2(1-\varphi)-\beta^2>0$。因此，进一步假设 $0<\beta<\sqrt{2(1-\varphi)}$，Hessian 矩阵可对所有的 p_2 和 y_2 都为负定。

通过求解式（3-13）、式（3-14）、式（3-16）与式（3-17），可得式（3-18）：

$$p_1=\frac{[\beta^2-\varphi(1-\varphi)](F+\delta A)+[(2-\varphi)(\alpha^2-\beta^2)-\varphi(1-\varphi)+\beta^2]\omega}{(2-\varphi)\alpha^2+(1+\varphi)\beta^2-3\varphi(1-\varphi)}$$

$$y_1=\frac{\alpha[\beta^2-\varphi(1-\varphi)](F+\delta A-2\omega)}{(2-\varphi)\alpha^2+(1+\varphi)\beta^2-3\varphi(1-\varphi)}$$

$$p_2=\frac{[\alpha^2-\varphi(1-\varphi)](F+\delta A)+[-(1+\varphi)(\alpha^2-\beta^2)-\varphi(1-\varphi)+\alpha^2]\omega}{(2-\varphi)\alpha^2+(1+\varphi)\beta^2-3\varphi(1-\varphi)}$$

$$y_2=\frac{\beta[\alpha^2-\varphi(1-\varphi)](F+\delta A-2\omega)}{(2-\varphi)\alpha^2+(1+\varphi)\beta^2-3\varphi(1-\varphi)} \tag{3-18}$$

将式（3-18）代入制造商的问题即式（3-11）中，用 V_M 表示制造商的值函数，进一步得到 HJB 方程如下：

$$rV_M=\max_{\omega,x\geqslant0}\bigg([\omega-(\lambda-\theta A)]\bigg\{F+\delta A-$$

$$\frac{[\beta^2-\varphi(1-\varphi)](F+\delta A)+[(2-\varphi)(\alpha^2-\beta^2)-\varphi(1-\varphi)+\beta^2]\omega}{(2-\varphi)\alpha^2+(1+\varphi)\beta^2-3\varphi(1-\varphi)}-$$

$$\frac{[\alpha^2-\varphi(1-\varphi)](F+\delta A)+[-(1+\varphi)(\alpha^2-\beta^2)-\varphi(1-\varphi)+\alpha^2]\omega}{(2-\varphi)\alpha^2+(1+\varphi)\beta^2-3\varphi(1-\varphi)}\bigg\}-$$

$$\frac{1}{2}x^2+\frac{\partial V_M}{\partial A}(x-\gamma A)\bigg) \tag{3-19}$$

对式（3-19）求解关于 ω 与 x 的一阶条件以最大化制造商值函数，可得：

$$\omega^*=\frac{F+2\lambda+(\delta-2\theta)A}{4} \tag{3-20}$$

$$x^*=\frac{\partial V_M}{\partial A} \tag{3-21}$$

通过对式（3-19）求解关于 ω 和 x 的二阶导数与联合偏导，以及 Hessian 矩阵可知，Hessian 矩阵可对所有 ω 和 x 都为负定。

将式 (3-20) 代入式 (3-18) 可得

$$p_1^* = \frac{\frac{5}{4}\left[\frac{2-\varphi}{5}(\alpha^2-\beta^2)-\varphi(1-\varphi)+\beta^2\right]F+\frac{1}{2}\left[(2-\varphi)(\alpha^2-\beta^2)-\varphi(1-\varphi)+\beta^2\right]\lambda}{(2-\varphi)\alpha^2+(1+\varphi)\beta^2-3\varphi(1-\varphi)}+$$

$$\frac{\frac{5\delta-2\theta}{4}\left[\frac{(\delta-2\theta)(2-\varphi)}{5\delta-2\theta}(\alpha^2-\beta^2)-\varphi(1-\varphi)+\beta^2\right]A}{(2-\varphi)\alpha^2+(1+\varphi)\beta^2-3\varphi(1-\varphi)}$$

$$y_1^* = \frac{\alpha\left[\beta^2-\varphi(1-\varphi)\right]\left(\frac{1}{2}F-\lambda+\frac{\delta+2\theta}{2}A\right)}{(2-\varphi)\alpha^2+(1+\varphi)\beta^2-3\varphi(1-\varphi)}$$

$$p_2^* = \frac{\frac{5}{4}\left[-\frac{1+\varphi}{5}(\alpha^2-\beta^2)-\varphi(1-\varphi)+\alpha^2\right]F+\frac{1}{2}\left[-(1+\varphi)(\alpha^2-\beta^2)-\varphi(1-\varphi)+\alpha^2\right]\lambda}{(2-\varphi)\alpha^2+(1+\varphi)\beta^2-3\varphi(1-\varphi)}+$$

$$\frac{\frac{5\delta-2\theta}{4}\left[-\frac{(\delta-2\theta)(1+\varphi)}{5\delta-2\theta}(\alpha^2-\beta^2)-\varphi(1-\varphi)+\alpha^2\right]A}{(2-\varphi)\alpha^2+(1+\varphi)\beta^2-3\varphi(1-\varphi)}$$

$$y_2^* = \frac{\beta\left[\alpha^2-\varphi(1-\varphi)\right]\left(\frac{1}{2}F-\lambda+\frac{\delta+2\theta}{2}A\right)}{(2-\varphi)\alpha^2+(1+\varphi)\beta^2-3\varphi(1-\varphi)} \tag{3-22}$$

基于值函数是二次线性结构, 进一步假设制造商、零售商 1 与零售商 2 的值函数是二次型,

$$V_M = N_2A^2+N_1A+N_0$$

$$V_{R_1} = L_2A^2+L_1A+L_0 \tag{3-23}$$

$$V_{R_2} = M_2A^2+M_1A+M_0$$

其中, L_2, L_1, L_0, M_2, M_1, M_0, N_2, N_1 与 N_0 为待定系数。

通过式 (3-23) 可得

$$x^* = 2N_2A+N_1 \tag{3-24}$$

将式 (3-23)、式 (3-24) 代入式 (3-12)、式 (3-15)、式 (3-19), 采用待定系数法求解式 (3-23) 中的六个未知系数, 则得

$$N_2 = \frac{2\gamma+r-\sqrt{\Delta}}{4}$$

$$N_1 = \frac{\dfrac{\delta+2\theta}{2}\left[(1-\varphi)\alpha^2+\varphi\beta^2-\varphi(1-\varphi)\right](F-2\lambda)}{(r+\sqrt{\Delta})\left[(2-\varphi)\alpha^2+(1+\varphi)\beta^2-3\varphi(1-\varphi)\right]}$$

$$N_0 = \frac{\dfrac{1}{8r}\left[(1-\varphi)\alpha^2+\varphi\beta^2-\varphi(1-\varphi)\right](F-2\lambda)^2}{(2-\varphi)\alpha^2+(1+\varphi)\beta^2-3\varphi(1-\varphi)}\times$$

$$\left\{1+\frac{(\delta+2\theta)^2\left[(1-\varphi)\alpha^2+\varphi\beta^2-\varphi(1-\varphi)\right]}{(r+\sqrt{\Delta})^2\left[(2-\varphi)\alpha^2+(1+\varphi)\beta^2-3\varphi(1-\varphi)\right]}\right\}$$

$$M_2 = \frac{\dfrac{(\delta+2\theta)^2}{8}\left[\alpha^2-\varphi(1-\varphi)\right]^2\left[2(1-\varphi)-\beta^2\right]}{\sqrt{\Delta}\left[(2-\varphi)\alpha^2+(1+\varphi)\beta^2-3\varphi(1-\varphi)\right]^2}$$

$$M_1 = \frac{(\delta+2\theta)\left[\alpha^2-\varphi(1-\varphi)\right]^2\left[2(1-\varphi)-\beta^2\right]\left(\dfrac{1}{2}F-\lambda\right)}{(r+\sqrt{\Delta})\left[(2-\varphi)\alpha^2+(1+\varphi)\beta^2-3\varphi(1-\varphi)\right]^2}\times$$

$$\left\{1+\frac{\dfrac{(\delta+2\theta)^2}{2}\left[(1-\varphi)\alpha^2+\varphi\beta^2-\varphi(1-\varphi)\right]}{\sqrt{\Delta}(r+\sqrt{\Delta})\left[(2-\varphi)\alpha^2+(1+\varphi)\beta^2-3\varphi(1-\varphi)\right]}\right\}$$

$$M_0 = \frac{\left[\alpha^2-\varphi(1-\varphi)\right]^2\left[(1-\varphi)-\dfrac{1}{2}\beta^2\right]\left(\dfrac{1}{2}F-\lambda\right)^2}{r\left[(2-\varphi)\alpha^2+(1+\varphi)\beta^2-3\varphi(1-\varphi)\right]^2}\times$$

$$\left(1+\frac{2(\delta+2\theta)^2\left[(1-\varphi)\alpha^2+\varphi\beta^2-\varphi(1-\varphi)\right]}{(r+\sqrt{\Delta})^2\left[(2-\varphi)\alpha^2+(1+\varphi)\beta^2-3\varphi(1-\varphi)\right]}\times\right.$$

$$\left.\left\{1+\frac{\dfrac{(\delta+2\theta)^2}{2}\left[(1-\varphi)\alpha^2+\varphi\beta^2-\varphi(1-\varphi)\right]}{\sqrt{\Delta}(r+\sqrt{\Delta})\left[(2-\varphi)\alpha^2+(1+\varphi)\beta^2-3\varphi(1-\varphi)\right]}\right\}\right)$$

$$L_2 = \frac{\dfrac{(\delta+2\theta)^2}{8}\left[\beta^2-\varphi(1-\varphi)\right]^2(2\varphi-\alpha^2)}{\sqrt{\Delta}\left[(2-\varphi)\alpha^2+(1+\varphi)\beta^2-3\varphi(1-\varphi)\right]^2}$$

$$L_1 = \frac{(\delta+2\theta)\left[\beta^2-\varphi(1-\varphi)\right]^2(2\varphi-\alpha^2)\left(\dfrac{1}{2}F-\lambda\right)}{(r+\sqrt{\Delta})\left[(2-\varphi)\alpha^2+(1+\varphi)\beta^2-3\varphi(1-\varphi)\right]^2}\times$$

$$\left\{1+\frac{\dfrac{(\delta+2\theta)^2}{2}\left[\,(1-\varphi)\alpha^2+\varphi\beta^2-\varphi(1-\varphi)\,\right]}{\sqrt{\Delta}\,(r+\sqrt{\Delta})\left[\,(2-\varphi)\alpha^2+(1+\varphi)\beta^2-3\varphi(1-\varphi)\,\right]}\right\}$$

$$L_0=\frac{\left[\,\beta^2-\varphi(1-\varphi)\,\right]^2\left(\varphi-\dfrac{1}{2}\alpha^2\right)\left(\dfrac{1}{2}F-\lambda\right)^2}{r\left[\,(2-\varphi)\alpha^2+(1+\varphi)\beta^2-3\varphi(1-\varphi)\,\right]^2}\times$$

$$\left(1+\frac{2(\delta+2\theta)^2\left[\,(1-\varphi)\alpha^2+\varphi\beta^2-\varphi(1-\varphi)\,\right]}{(r+\sqrt{\Delta})^2\left[\,(2-\varphi)\alpha^2+(1+\varphi)\beta^2-3\varphi(1-\varphi)\,\right]}\times\right.$$

$$\left.\left\{1+\frac{\dfrac{(\delta+2\theta)^2}{2}\left[\,(1-\varphi)\alpha^2+\varphi\beta^2-\varphi(1-\varphi)\,\right]}{\sqrt{\Delta}\,(r+\sqrt{\Delta})\left[\,(2-\varphi)\alpha^2+(1+\varphi)\beta^2-3\varphi(1-\varphi)\,\right]}\right\}\right) \tag{3-25}$$

其中，$\Delta=(2\gamma+r)^2-\dfrac{(\delta+2\theta)^2\left[\,(1-\varphi)\alpha^2+\varphi\beta^2-\varphi(1-\varphi)\,\right]}{(2-\varphi)\alpha^2+(1+\varphi)\beta^2-3\varphi(1-\varphi)}$。需要注意的是，$N_2$

求解出的值为 $N_2=\dfrac{2\gamma+r\pm\sqrt{\Delta}}{4}$，通过进一步计算，较大的根使得动态方程不收敛

于稳态值，因此将较大的根 $N_2=\dfrac{2\gamma+r+\sqrt{\Delta}}{4}$ 舍去，令 $N_2=\dfrac{2\gamma+r-\sqrt{\Delta}}{4}$。

将式（3-25）代入式（3-24），得到制造商与零售商的最优控制策略与利润，总结于命题 3.1。

命题 3.1　制造商最优的绿色工艺创新努力与批发价格、零售商最优的零售价格与广告努力、制造商利润与零售商利润依次为：

$$x^*=\frac{2\gamma+r-\sqrt{\Delta}}{2}A+\frac{(F-2\lambda)\left[\,(2\gamma+r)^2-\Delta\,\right]}{2(r+\sqrt{\Delta})(\delta+2\theta)}$$

$$\omega^*=\frac{\delta-2\theta}{4}A+\frac{F+2\lambda}{4}$$

$$p_1^*=\frac{(5\delta-2\theta)\left[\dfrac{(\delta-2\theta)(2-\varphi)}{5\delta-2\theta}\alpha^2+\dfrac{3\delta+2\theta+(\delta-2\theta)\varphi}{5\delta-2\theta}\beta^2-\varphi(1-\varphi)\right]}{4\left[\,(2-\varphi)\alpha^2+(1+\varphi)\beta^2-3\varphi(1-\varphi)\,\right]}A+$$

$$\frac{\left[\,(2-\varphi)\alpha^2+(3+\varphi)\beta^2-5\varphi(1-\varphi)\,\right]F+2\left[\,(2-\varphi)\alpha^2+(\varphi-1)\beta^2-\varphi(1-\varphi)\,\right]\lambda}{4\left[\,(2-\varphi)\alpha^2+(1+\varphi)\beta^2-3\varphi(1-\varphi)\,\right]}$$

$$y_1^*=\frac{\alpha(\delta+2\theta)\left[\,\beta^2-\varphi(1-\varphi)\,\right]}{2\left[\,(2-\varphi)\alpha^2+(1+\varphi)\beta^2-3\varphi(1-\varphi)\,\right]}A+\frac{\alpha(F-2\lambda)\left[\,\beta^2-\varphi(1-\varphi)\,\right]}{2\left[\,(2-\varphi)\alpha^2+(1+\varphi)\beta^2-3\varphi(1-\varphi)\,\right]}$$

$$p_2^* = \frac{(5\delta-2\theta)\left[\dfrac{4\delta-(\delta-2\theta)\varphi}{5\delta-2\theta}\alpha^2+\dfrac{(\delta-2\theta)(1+\varphi)}{5\delta-2\theta}\beta^2-\varphi(1-\varphi)\right]}{4\left[(2-\varphi)\alpha^2+(1+\varphi)\beta^2-3\varphi(1-\varphi)\right]}A+$$

$$\frac{\left[(4-\varphi)\alpha^2+(1+\varphi)\beta^2-5\varphi(1-\varphi)\right]F+2\left[(1+\varphi)\beta^2-\varphi\alpha^2-\varphi(1-\varphi)\right]\lambda}{4\left[(2-\varphi)\alpha^2+(1+\varphi)\beta^2-3\varphi(1-\varphi)\right]}$$

$$y_2^* = \frac{\beta(\delta+2\theta)\left[\alpha^2-\varphi(1-\varphi)\right]}{2\left[(2-\varphi)\alpha^2+(1+\varphi)\beta^2-3\varphi(1-\varphi)\right]}A+\frac{\beta(F-2\lambda)\left[\alpha^2-\varphi(1-\varphi)\right]}{2\left[(2-\varphi)\alpha^2+(1+\varphi)\beta^2-3\varphi(1-\varphi)\right]}$$

$$V_M^* = N_2A^2+N_1A+N_0$$

$$V_{R_1}^* = L_2A^2+L_1A+L_0$$

$$V_{R_2}^* = M_2A^2+M_1A+M_0$$

其中，$\Delta = (2\gamma+r)^2-\dfrac{(\delta+2\theta)^2\left[(1-\varphi)\alpha^2+\varphi\beta^2-\varphi(1-\varphi)\right]}{(2-\varphi)\alpha^2+(1+\varphi)\beta^2-3\varphi(1-\varphi)}$，$L_2$、$L_1$、$L_0$、$M_2$、

M_1、M_0、N_2、N_1、N_0 如式（3-25）所示。

命题3.1表明，供应链所有成员的最优均衡策略均与状态变量线性相关。进一步发现，制造商在投入绿色工艺创新努力与掌握绿色创新技术水平之间的关系为$\frac{\partial x}{\partial A}>0$，即绿色创新技术水平的提高需要制造商投入更多的绿色工艺创新努力。也就是说，制造商在绿色工艺创新上投入的努力越多，制造商掌握该技术的速度就越快、水平越高。特别地，制造商利润对于创新努力是凸的，这意味着制造商的边际利润会随着投入绿色工艺创新努力的增加而增加。

为求出绿色创新技术的时间演化路径$A(t)$，将最优创新努力策略x^*代入式（3-1），进一步求解微分方程$A(0)=a$，得到状态变量的时间轨迹如下：

$$A(t) = (a-A_\infty)e^{M_4t}+A_\infty \tag{3-26}$$

其中，$M_4 = \dfrac{r-\sqrt{\Delta}}{2}$，$A_\infty = \dfrac{(\delta+2\theta)(F-2\lambda)\left[(1-\varphi)\alpha^2+\varphi\beta^2-\varphi(1-\varphi)\right]}{(\Delta-r^2)\left[(2-\varphi)\alpha^2+(1+\varphi)\beta^2-3\varphi(1-\varphi)\right]}$。

基于状态变量的时间轨迹与命题3.1，将式（3-26）代入命题3.1中的控制策略，得到最优均衡策略随时间变化的路径为命题3.2。

命题3.2　制造商绿色工艺创新与批发价格、零售商零售价格与广告努力的时间路径为：

$$x(t)=\frac{2\gamma+r-\sqrt{\Delta}}{2}(a-A_\infty)e^{M_4t}+x_\infty$$

$$\omega(t)=\frac{\delta-2\theta}{4}(a-A_\infty)e^{M_4t}+\omega_\infty$$

$$p_1(t)=\frac{\dfrac{5\delta-2\theta}{4}\left[\dfrac{(\delta-2\theta)(2-\varphi)}{5\delta-2\theta}\alpha^2+\dfrac{3\delta+2\theta+(\delta-2\theta)\varphi}{5\delta-2\theta}\beta^2-\varphi(1-\varphi)\right]}{(2-\varphi)\alpha^2+(1+\varphi)\beta^2-3\varphi(1-\varphi)}(a-A_\infty)e^{M_4t}+p_{1\infty}$$

$$y_1(t)=\frac{\dfrac{\delta+2\theta}{2}[\beta^2-\varphi(1-\varphi)]\alpha}{(2-\varphi)\alpha^2+(1+\varphi)\beta^2-3\varphi(1-\varphi)}(a-A_\infty)e^{M_4t}+y_{1\infty}$$

$$p_2(t)=\frac{\dfrac{5\delta-2\theta}{4}\left[\dfrac{4\delta-(\delta-2\theta)\varphi}{5\delta-2\theta}\alpha^2+\dfrac{(\delta-2\theta)(1+\varphi)}{5\delta-2\theta}\beta^2-\varphi(1-\varphi)\right]}{(2-\varphi)\alpha^2+(1+\varphi)\beta^2-3\varphi(1-\varphi)}(a-A_\infty)e^{M_4t}+p_{2\infty}$$

$$y_2(t)=\frac{\dfrac{\delta+2\theta}{2}[\alpha^2-\varphi(1-\varphi)]\beta}{(2-\varphi)\alpha^2+(1+\varphi)\beta^2-3\varphi(1-\varphi)}(a-A_\infty)e^{M_4t}+y_{2\infty}$$

其中，$\quad x_\infty=\dfrac{\gamma(\delta+2\theta)(F-2\lambda)[(1-\varphi)\alpha^2+\varphi\beta^2-\varphi(1-\varphi)]}{(\Delta-r^2)[(2-\varphi)\alpha^2+(1+\varphi)\beta^2-3\varphi(1-\varphi)]}$

$$\omega_\infty=\frac{1}{4}\left\{F+2\lambda+\frac{(\delta^2-4\theta^2)(F-2\lambda)[(1-\varphi)\alpha^2+\varphi\beta^2-\varphi(1-\varphi)]}{(\Delta-r^2)[(2-\varphi)\alpha^2+(1+\varphi)\beta^2-3\varphi(1-\varphi)]}\right\}$$

$$p_{1\infty}=\frac{1}{4[(2-\varphi)\alpha^2+(1+\varphi)\beta^2-3\varphi(1-\varphi)]}\times$$

$$\left(F[(2-\varphi)\alpha^2+(3+\varphi)\beta^2-5\varphi(1-\varphi)]+2\lambda[(2-\varphi)\alpha^2+(\varphi-1)\beta^2-\varphi(1-\varphi)]+\right.$$

$$\frac{(\delta+2\theta)(F-2\lambda)[(1-\varphi)\alpha^2+\varphi\beta^2-\varphi(1-\varphi)]\{(\delta-2\theta)(2-\varphi)\alpha^2}{(\Delta-r^2)[(2-\varphi)\alpha^2+(1+\varphi)\beta^2-3\varphi(1-\varphi)]}+$$

$$\left.\frac{[3\delta+2\theta+(\delta-2\theta)\varphi]\beta^2-\varphi(1-\varphi)(5\delta-2\theta)\}}{(\Delta-r^2)[(2-\varphi)\alpha^2+(1+\varphi)\beta^2-3\varphi(1-\varphi)]}\right)$$

$$y_{1\infty}=\frac{\alpha[\beta^2-\varphi(1-\varphi)]\left(\dfrac{1}{2}F-\lambda\right)}{(2-\varphi)\alpha^2+(1+\varphi)\beta^2-3\varphi(1-\varphi)}\left\{1+\frac{(\delta+2\theta)^2[(1-\varphi)\alpha^2+\varphi\beta^2-\varphi(1-\varphi)]}{(\Delta-r^2)[(2-\varphi)\alpha^2+(1+\varphi)\beta^2-3\varphi(1-\varphi)]}\right\}$$

$$p_{2\infty}=\frac{1}{4[(2-\varphi)\alpha^2+(1+\varphi)\beta^2-3\varphi(1-\varphi)]}\left(F[(4-\varphi)\alpha^2+(1+\varphi)\beta^2-5\varphi(1-\varphi)]+\right.$$

$$2\lambda\left[(1+\varphi)\beta^2-\varphi\alpha^2-\varphi(1-\varphi)\right]+$$

$$\frac{(\delta+2\theta)(F-2\lambda)\left[(1-\varphi)\alpha^2+\varphi\beta^2-\varphi(1-\varphi)\right]}{(\Delta-r^2)\left[(2-\varphi)\alpha^2+(1+\varphi)\beta^2-3\varphi(1-\varphi)\right]}\times$$

$$\frac{\left\{\left[4\delta-(\delta-2\theta)\varphi\right]\alpha^2+(\delta-2\theta)(1+\varphi)\beta^2-\varphi(1-\varphi)(5\delta-2\theta)\right\}}{(\Delta-r^2)\left[(2-\varphi)\alpha^2+(1+\varphi)\beta^2-3\varphi(1-\varphi)\right]}\Bigg)$$

$$y_{2\infty}=\frac{\beta\left[\alpha^2-\varphi(1-\varphi)\right]\left(\frac{1}{2}F-\lambda\right)}{(2-\varphi)\alpha^2+(1+\varphi)\beta^2-3\varphi(1-\varphi)}\left\{1+\frac{(\delta+2\theta)^2\left[(1-\varphi)\alpha^2+\varphi\beta^2-\varphi(1-\varphi)\right]}{(\Delta-r^2)\left[(2-\varphi)\alpha^2+(1+\varphi)\beta^2-3\varphi(1-\varphi)\right]}\right\}.$$

将式（3-26）代入式（3-2）至式（3-5），得到单位生产成本与产品需求随时间变化的轨迹，总结于命题 3.3。

命题 3.3　单位生产成本与产品需求的时间路径为以下所示：

$$c(t)=-\theta(a-A_\infty)e^{M_4t}+c_\infty$$

$$D(t)=\frac{\left[(2\gamma+r)^2-\Delta\right]}{2(\delta+2\theta)}(a-A_\infty)e^{M_4t}+D_\infty$$

$$D_1(t)=\frac{\varphi(\delta+2\theta)\left[\beta^2-\varphi(1-\varphi)\right]}{2\left[(2-\varphi)\alpha^2+(1+\varphi)\beta^2-3\varphi(1-\varphi)\right]}(a-A_\infty)e^{M_4t}+D_{1\infty}$$

$$D_2(t)=\frac{(1-\varphi)(\delta+2\theta)\left[\alpha^2-\varphi(1-\varphi)\right]}{2\left[(2-\varphi)\alpha^2+(1+\varphi)\beta^2-3\varphi(1-\varphi)\right]}(a-A_\infty)e^{M_4t}+D_{2\infty}$$

其中，$c_\infty=\lambda-\dfrac{\theta(F-2\lambda)\left[(2\gamma+r)^2-\Delta\right]}{(\Delta-r^2)(\delta+2\theta)}$，$D_\infty=\dfrac{2\gamma(\gamma+r)(F-2\lambda)\left[(1-\varphi)\alpha^2+\varphi\beta^2-\varphi(1-\varphi)\right]}{(\Delta-r^2)\left[(2-\varphi)\alpha^2+(1+\varphi)\beta^2-3\varphi(1-\varphi)\right]}$，

$D_{1\infty}=\dfrac{2\gamma\varphi(\gamma+r)(F-2\lambda)\left[\beta^2-\varphi(1-\varphi)\right]}{(\Delta-r^2)\left[(2-\varphi)\alpha^2+(1+\varphi)\beta^2-3\varphi(1-\varphi)\right]}$，$D_{2\infty}=\dfrac{2\gamma(1-\varphi)(\gamma+r)(F-2\lambda)\left[\alpha^2-\varphi(1-\varphi)\right]}{(\Delta-r^2)\left[(2-\varphi)\alpha^2+(1+\varphi)\beta^2-3\varphi(1-\varphi)\right]}$。

命题 3.2 与命题 3.3 列出了均衡策略、单位生产成本与产品需求的时间路径。在 $M_4<0$ 且时间趋于正无穷（$t\to+\infty$）时，创新努力、价格、广告努力、成本函数与需求函数均达到各自的稳定状态。所有控制策略的路径均是单调的，单调性受主要参数 θ、δ、α、β、φ 的影响，并且所有控制策略的稳定状态都为正。由于对绿色工艺创新努力的不断投入，绿色工艺创新技术水平随之增加，即该技术水平随时间单调递增。当创新技术的变化率为零时，则该技术达到稳态，这意味着制造商对该技术的掌握逐渐达到成熟水平，技术水平不会再随着创新努力的投入而增加。此时，整个系统进入稳定状态，即供应链成员的最优决策均处于该

水平而不再变化。

制造商对绿色工艺创新的投入随着时间的推移而逐渐增加，并随着绿色工艺创新技术的成熟达到稳定状态。这意味着，如果创新努力达到稳定状态，则该技术达到成熟水平，即制造商会掌握该技术并生产产品，不再对该技术进行投资。特别地，单位生产成本的路径随时间的推移逐渐减小并趋于稳态。制造商采用绿色工艺创新技术的目的是通过节约成本、节约能源、降低消耗来降低单位生产成本。绿色工艺创新技术提高了劳动力等生产要素的效率，效率的提高致使供给曲线移动，从而使制造商的单位生产成本降低。此外，随着绿色工艺创新技术的成熟，制造商的单位生产成本将趋向于一个稳定的值。

第四节　均衡策略分析与比较

在这一小节中，构建模型对供应链成员最优均衡策略与利润进行比较与分析，以进一步得出面对上游制造商采用绿色工艺创新技术生产产品时，下游零售商该如何利用广告努力策略与零售价格策略来应对同行竞争。本小节通过比较下游两个零售商之间的广告努力、零售价格与利润，结合广告宣传对产品需求的影响与市场占比等因素，进一步得到命题 3.4、命题 3.5 和命题 3.6。

命题 3.4　零售商 1 广告努力与零售商 2 广告努力的比值如式（3-27）所示：

$$\frac{y_{1\infty}}{y_{2\infty}} = \frac{\alpha[\beta^2 - \varphi(1-\varphi)]}{\beta[\alpha^2 - \varphi(1-\varphi)]} \tag{3-27}$$

在供应链成员都达到稳定状态时，基于广告影响因子 α、β 与市场比例 φ，两个零售商之间广告努力的比较结果可以总结为以下九种情形：

第一种情形：若 $\frac{1}{2} \leqslant \alpha < \beta < 1$ 且 $\varphi \in (0, 1)$，则 $y_{1\infty} > y_{2\infty}$。

第二种情形：若 $0 < \alpha < \frac{1}{2} < \beta < 1$ 且 $\varphi \in (0, 1)$，则 $y_{1\infty} > y_{2\infty}$。

第三种情形：若 $0 < \alpha < \beta = \frac{1}{2}$ 且 $\varphi \in \left(0, \frac{1}{2}\right) \cup \left(\frac{1}{2}, 1\right)$，则 $y_{1\infty} > y_{2\infty}$；若 $0 < \alpha <$

$\beta = \dfrac{1}{2}$ 且 $\varphi = \dfrac{1}{2}$ ，则 $y_{1\infty} < y_{2\infty}$ 。

第四种情形：若 $0 < \alpha < \beta < \dfrac{1}{2}$ 且 $\varphi \in \left(0, \dfrac{1-\sqrt{1-4\beta^2}}{2}\right) \cup \left(\dfrac{1+\sqrt{1-4\beta^2}}{2}, 1\right)$ ，则

$y_{1\infty} > y_{2\infty}$ ；若 $0 < \alpha < \beta < \dfrac{1}{2}$ 且 $\varphi \in \left[\dfrac{1-\sqrt{1-4\beta^2}}{2}, \dfrac{1+\sqrt{1-4\beta^2}}{2}\right]$ ，则 $y_{1\infty} < y_{2\infty}$ 。

第五种情形：若 $\dfrac{1}{2} \leqslant \beta < \alpha < 1$ 且 $\varphi \in (0, 1)$ ，则 $y_{1\infty} < y_{2\infty}$ 。

第六种情形：若 $0 < \beta < \dfrac{1}{2} < \alpha < 1$ 且 $\varphi \in (0, 1)$ ，则 $y_{1\infty} < y_{2\infty}$ 。

第七种情形：若 $0 < \beta < \alpha = \dfrac{1}{2}$ 且 $\varphi \in \left(0, \dfrac{1}{2}\right) \cup \left(\dfrac{1}{2}, 1\right)$ ，则 $y_{1\infty} < y_{2\infty}$ ；若 $0 < \beta <$

$\alpha = \dfrac{1}{2}$ 且 $\varphi = \dfrac{1}{2}$ ，则 $y_{1\infty} > y_{2\infty}$ 。

第八种情形：若 $0 < \beta < \alpha < \dfrac{1}{2}$ 且 $\varphi \in \left(0, \dfrac{1-\sqrt{1-4\alpha^2}}{2}\right) \cup \left(\dfrac{1+\sqrt{1-4\alpha^2}}{2}, 1\right)$ ，则

$y_{1\infty} < y_{2\infty}$ ；若 $0 < \beta < \alpha < \dfrac{1}{2}$ 且 $\varphi \in \left[\dfrac{1-\sqrt{1-4\alpha^2}}{2}, \dfrac{1+\sqrt{1-4\alpha^2}}{2}\right]$ ，则 $y_{1\infty} > y_{2\infty}$ 。

第九种情形：若 $0 < \alpha = \beta < 1$ 且 $\varphi \in (0, 1)$ ，并且 $\alpha = \beta = \dfrac{1}{2}$ 与 $\varphi = \dfrac{1}{2}$ 不同时存在，则 $y_{1\infty} = y_{2\infty}$ 。

证明：由式（3-27），设 $f_1(\varphi) = \alpha\varphi^2 - \alpha\varphi + \alpha\beta^2$ ，$f_2(\varphi) = \beta\varphi^2 - \beta\varphi + \alpha^2$ ，则函数 $f_1(\varphi)$ 与函数 $f_2(\varphi)$ 的根的判别式分别为：$\Delta_1 = \alpha^2(1-4\beta^2)$ 和 $\Delta_2 = \beta^2(1-4\alpha^2)$ 。

由于函数 f_1 与函数 f_2 可能大于、等于或小于0，因此将更详细地讨论上述三种情况。为此，将这三种情况分为九种情况：①$\Delta_1 < 0$，$\Delta_2 < 0$；②$\Delta_1 < 0$，$\Delta_2 = 0$；③$\Delta_1 = 0$，$\Delta_2 < 0$；④$\Delta_1 > 0$，$\Delta_2 = 0$；⑤$\Delta_1 = 0$，$\Delta_2 > 0$；⑥$\Delta_1 < 0$，$\Delta_2 > 0$；⑦$\Delta_1 > 0$，$\Delta_2 < 0$；⑧$\Delta_1 > 0$，$\Delta_2 > 0$；⑨$\Delta_1 = 0$，$\Delta_2 = 0$。下面将分别证明上述九种情况：

情况①：$\Delta_1 < 0$，$\Delta_2 < 0$，则有 $\alpha > \dfrac{1}{2}$，$\beta > \dfrac{1}{2}$。若 $\beta > \alpha > \dfrac{1}{2}$ 且 $\varphi \in (0, 1)$，则

$y_{1\infty} > y_{2\infty}$ 。若 $\alpha > \beta > \dfrac{1}{2}$ 且 $\varphi \in (0, 1)$，则 $y_{1\infty} < y_{2\infty}$ 。

情况②：$\Delta_1 < 0$，$\Delta_2 = 0$，则有 $\alpha = \frac{1}{2}$，$\beta > \frac{1}{2}$。若 $\beta > \alpha = \frac{1}{2}$ 且 $\varphi \in \left(0, \frac{1}{2}\right) \cup$

$\left(\frac{1}{2}, 1\right)$，则 $y_{1\infty} > y_{2\infty}$。在 $\varphi = \frac{1}{2}$ 时，有 $y_{1\infty} > 0$ 且 $y_{2\infty} = 0$，也满足 $y_{1\infty} > y_{2\infty}$。然而，

$y_{2\infty} = 0$ 意味着零售商 2 不投入广告努力。因此，若 $\beta > \alpha = \frac{1}{2}$ 且 $\varphi \in (0, 1)$，则

$y_{1\infty} > y_{2\infty}$。

情况③：$\Delta_1 = 0$，$\Delta_2 < 0$，此证明与情况②类似，即若 $\alpha > \beta = \frac{1}{2}$ 且 $\varphi \in (0, 1)$，

则 $y_{1\infty} < y_{2\infty}$。

情况④：$\Delta_1 > 0$，$\Delta_2 = 0$，则有 $\alpha = \frac{1}{2}$，$\beta < \frac{1}{2}$，即 $\beta < \alpha = \frac{1}{2}$。该情形如图 3-1

（a）所示，若 $\varphi \in \left(0, \frac{1 - \sqrt{1 - 4\beta^2}}{2}\right) \cup \left(\frac{1 + \sqrt{1 - 4\beta^2}}{2}, 1\right)$，则 $y_{1\infty} < y_{2\infty}$。当 $\varphi \in$

$\left(\frac{1 - \sqrt{1 - 4\beta^2}}{2}, \frac{1}{2}\right) \cup \left(\frac{1}{2}, \frac{1 + \sqrt{1 - 4\beta^2}}{2}\right)$，有 $y_{1\infty} < 0$ 且 $y_{2\infty} > 0$，$y_{1\infty} < 0$ 不符合模型设

置，为了让参数 φ 可以取到其范围内的所有值，则在该情况下令 $y_{1\infty} = 0$，这意味

着零售商 1 不会投入广告努力，以下证明则不再重复策略为 $y_{1\infty} = 0$ 的原因是

$y_{1\infty} < y_{2\infty}$。当 $\varphi = \frac{1 - \sqrt{1 - 4\beta^2}}{2}$ 或 $\varphi = \frac{1 + \sqrt{1 - 4\beta^2}}{2}$，有 $y_{1\infty} = 0$ 且 $y_{2\infty} > 0$，则 $y_{1\infty} < y_{2\infty}$。

当 $\varphi = \frac{1}{2}$，有 $y_{1\infty} > 0$ 且 $y_{2\infty} = 0$，则 $y_{1\infty} > y_{2\infty}$。综上所述，若 $\beta < \alpha = \frac{1}{2}$ 且 $\varphi \in$

$\left(0, \frac{1}{2}\right) \cup \left(\frac{1}{2}, 1\right)$，则 $y_{1\infty} < y_{2\infty}$；若 $\beta < \alpha = \frac{1}{2}$ 且 $\varphi = \frac{1}{2}$，则 $y_{1\infty} > y_{2\infty}$。

情况⑤：$\Delta_1 = 0$，$\Delta_2 > 0$，此证明与情况④类似，如图 3-1（b）所示，即 $\alpha < \beta =$

$\frac{1}{2}$ 且 $\varphi \in \left(0, \frac{1}{2}\right) \cup \left(\frac{1}{2}, 1\right)$，则 $y_{1\infty} > y_{2\infty}$；若 $\alpha < \beta = \frac{1}{2}$ 且 $\varphi = \frac{1}{2}$，则 $y_{1\infty} < y_{2\infty}$。

情况⑥：$\Delta_1 < 0$，$\Delta_2 > 0$，则有 $\alpha < \frac{1}{2}$，$\beta > \frac{1}{2}$，即 $\alpha < \frac{1}{2} < \beta$。该情形如图 3-1（c）

所示，若 $\varphi \in \left(0, \frac{1 - \sqrt{1 - 4\alpha^2}}{2}\right) \cup \left(\frac{1 + \sqrt{1 - 4\alpha^2}}{2}, 1\right)$，则 $y_{1\infty} > y_{2\infty}$。当 $\varphi \in$

$\left(\dfrac{1-\sqrt{1-4\alpha^2}}{2},\ \dfrac{1+\sqrt{1-4\alpha^2}}{2}\right)$，有 $y_{1\infty}>0$ 且 $y_{2\infty}<0$，令 $y_{2\infty}=0$，则有 $y_{1\infty}>y_{2\infty}$。当

$\varphi=\dfrac{1-\sqrt{1-4\alpha^2}}{2}$ 或 $\varphi=\dfrac{1+\sqrt{1-4\alpha^2}}{2}$，有 $y_{1\infty}>0$ 且 $y_{2\infty}=0$，则 $y_{1\infty}>y_{2\infty}$。综上所述，

$\alpha<\dfrac{1}{2}<\beta$ 且 $\varphi\in(0,\ 1)$，则 $y_{1\infty}>y_{2\infty}$。

情况⑦：$\Delta_1>0$，$\Delta_2<0$，此证明与情况⑥类似，如图 3-1(d)所示，即 $\beta<\dfrac{1}{2}<$

α 且 $\varphi\in(0,\ 1)$，则 $y_{1\infty}<y_{2\infty}$。

情况⑧：$\Delta_1>0$，$\Delta_2>0$，则有 $\alpha<\dfrac{1}{2}$，$\beta<\dfrac{1}{2}$，这种情况可以分为两类，即 $\alpha<$

$\beta<\dfrac{1}{2}$ 与 $\beta<\alpha<\dfrac{1}{2}$。先讨论 $\alpha<\beta<\dfrac{1}{2}$，如图 3-1(e)所示，若 $\varphi\in\left(0,\ \dfrac{1-\sqrt{1-4\alpha^2}}{2}\right)\cup$

$\left(\dfrac{1+\sqrt{1-4\alpha^2}}{2},\ 1\right)$，则 $y_{1\infty}>y_{2\infty}$。当 $\varphi\in\left(\dfrac{1-\sqrt{1-4\alpha^2}}{2},\ \dfrac{1-\sqrt{1-4\beta^2}}{2}\right)\cup\left(\dfrac{1+\sqrt{1-4\beta^2}}{2},\right.$

$\left.\dfrac{1+\sqrt{1-4\alpha^2}}{2}\right)$，有 $y_{1\infty}>0$ 且 $y_{2\infty}<0$，令 $y_{2\infty}=0$，则有 $y_{1\infty}>y_{2\infty}$。当 $\varphi=\dfrac{1-\sqrt{1-4\alpha^2}}{2}$

或 $\varphi=\dfrac{1+\sqrt{1-4\alpha^2}}{2}$，有 $y_{1\infty}>0$ 且 $y_{2\infty}=0$，则 $y_{1\infty}>y_{2\infty}$。当 $\varphi\in$

$\left(\dfrac{1-\sqrt{1-4\beta^2}}{2},\ \dfrac{1+\sqrt{1-4\beta^2}}{2}\right)$，则 $y_{1\infty}<y_{2\infty}$。当 $\varphi=\dfrac{1-\sqrt{1-4\beta^2}}{2}$ 或 $\varphi=\dfrac{1+\sqrt{1-4\beta^2}}{2}$，有

$y_{1\infty}=0$ 且 $y_{2\infty}>0$，则 $y_{1\infty}<y_{2\infty}$。综上所述，若 $\alpha<\beta<\dfrac{1}{2}$ 且 $\varphi\in\left(0,\ \dfrac{1-\sqrt{1-4\beta^2}}{2}\right)\cup$

$\left(\dfrac{1+\sqrt{1-4\beta^2}}{2},\ 1\right)$，则 $y_{1\infty}>y_{2\infty}$；若 $\alpha<\beta<\dfrac{1}{2}$ 且 $\varphi\in\left[\dfrac{1-\sqrt{1-4\beta^2}}{2},\ \dfrac{1+\sqrt{1-4\beta^2}}{2}\right]$，则

$y_{1\infty}<y_{2\infty}$。同理，第二类情况 $\left(\beta<\alpha<\dfrac{1}{2}\right)$ 的证明与第一类情况 $\left(\alpha<\beta<\dfrac{1}{2}\right)$ 类似，如

图 3-1(f)所示，即 $\beta<\alpha<\dfrac{1}{2}$ 且 $\varphi\in\left(0,\ \dfrac{1-\sqrt{1-4\alpha^2}}{2}\right)\cup\left(\dfrac{1+\sqrt{1-4\alpha^2}}{2},\ 1\right)$，则 $y_{1\infty}<$

$y_{2\infty}$；若$\beta < \alpha < \dfrac{1}{2}$且$\varphi \in \left[\dfrac{1-\sqrt{1-4\alpha^2}}{2}, \dfrac{1+\sqrt{1-4\alpha^2}}{2}\right]$，则$y_{1\infty} > y_{2\infty}$。

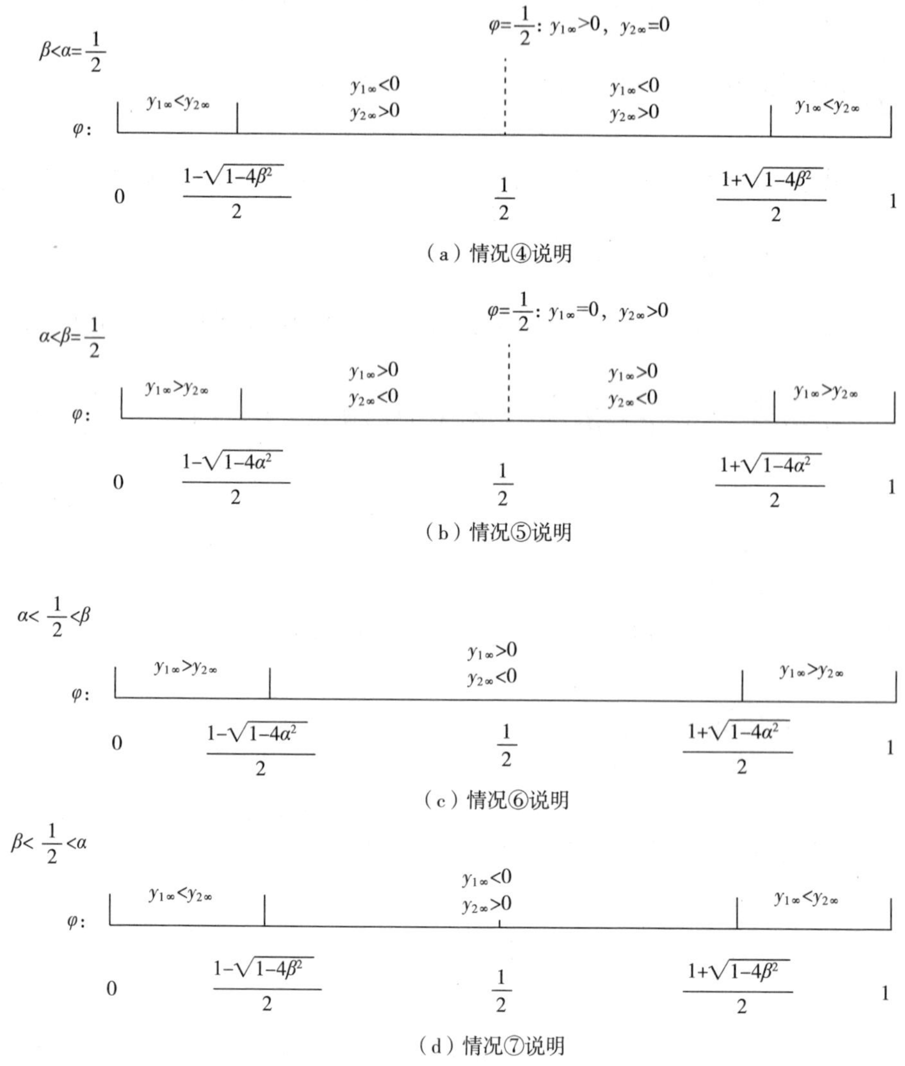

$\beta < \alpha = \dfrac{1}{2}$

$\varphi = \dfrac{1}{2}$: $y_{1\infty} > 0$, $y_{2\infty} = 0$

φ:

| $y_{1\infty} < y_{2\infty}$ | $y_{1\infty} < 0$ $y_{2\infty} > 0$ | $y_{1\infty} < 0$ $y_{2\infty} > 0$ | $y_{1\infty} < y_{2\infty}$ |

0 $\dfrac{1-\sqrt{1-4\beta^2}}{2}$ $\dfrac{1}{2}$ $\dfrac{1+\sqrt{1-4\beta^2}}{2}$ 1

（a）情况④说明

$\alpha < \beta = \dfrac{1}{2}$

$\varphi = \dfrac{1}{2}$: $y_{1\infty} = 0$, $y_{2\infty} > 0$

φ:

| $y_{1\infty} > y_{2\infty}$ | $y_{1\infty} > 0$ $y_{2\infty} < 0$ | $y_{1\infty} > 0$ $y_{2\infty} < 0$ | $y_{1\infty} > y_{2\infty}$ |

0 $\dfrac{1-\sqrt{1-4\alpha^2}}{2}$ $\dfrac{1}{2}$ $\dfrac{1+\sqrt{1-4\alpha^2}}{2}$ 1

（b）情况⑤说明

$\alpha < \dfrac{1}{2} < \beta$

φ:

| $y_{1\infty} > y_{2\infty}$ | $y_{1\infty} > 0$ $y_{2\infty} < 0$ | $y_{1\infty} > y_{2\infty}$ |

0 $\dfrac{1-\sqrt{1-4\alpha^2}}{2}$ $\dfrac{1}{2}$ $\dfrac{1+\sqrt{1-4\alpha^2}}{2}$ 1

（c）情况⑥说明

$\beta < \dfrac{1}{2} < \alpha$

φ:

| $y_{1\infty} < y_{2\infty}$ | $y_{1\infty} < 0$ $y_{2\infty} > 0$ | $y_{1\infty} < y_{2\infty}$ |

0 $\dfrac{1-\sqrt{1-4\beta^2}}{2}$ $\dfrac{1}{2}$ $\dfrac{1+\sqrt{1-4\beta^2}}{2}$ 1

（d）情况⑦说明

图3-1 命题3.4证明情况说明

$\alpha < \beta < \dfrac{1}{2}$

φ:

$y_{1\infty} > y_{2\infty}$　　$\begin{array}{c} y_{1\infty} > 0 \\ y_{2\infty} < 0 \end{array}$　　$y_{1\infty} < y_{2\infty}$　　$\begin{array}{c} y_{1\infty} > 0 \\ y_{2\infty} < 0 \end{array}$　　$y_{1\infty} > y_{2\infty}$

0　　$\dfrac{1-\sqrt{1-4\alpha^2}}{2}$　　$\dfrac{1-\sqrt{1-4\beta^2}}{2}$　　$\dfrac{1}{2}$　　$\dfrac{1+\sqrt{1-4\beta^2}}{2}$　　$\dfrac{1+\sqrt{1-4\alpha^2}}{2}$　　1

（e）情况⑧（a）说明

$\beta < \alpha < \dfrac{1}{2}$

φ:

$y_{1\infty} < y_{2\infty}$　　$\begin{array}{c} y_{1\infty} < 0 \\ y_{2\infty} > 0 \end{array}$　　$y_{1\infty} > y_{2\infty}$　　$\begin{array}{c} y_{1\infty} < 0 \\ y_{2\infty} > 0 \end{array}$　　$y_{1\infty} < y_{2\infty}$

0　　$\dfrac{1-\sqrt{1-4\beta^2}}{2}$　　$\dfrac{1-\sqrt{1-4\alpha^2}}{2}$　　$\dfrac{1}{2}$　　$\dfrac{1+\sqrt{1-4\alpha^2}}{2}$　　$\dfrac{1+\sqrt{1-4\beta^2}}{2}$　　1

（f）情况⑧（b）说明

图 3-1　命题 3.4 证明情形说明（续）

资料来源：笔者绘制。

情况⑨：$\Delta_1 = 0$，$\Delta_2 = 0$，则有 $\alpha = \dfrac{1}{2}$，$\beta = \dfrac{1}{2}$，即 $\dfrac{y_{1\infty}}{y_{2\infty}} = 1$，这意味着 $y_{1\infty} = y_{2\infty}$。即 $\alpha = \beta$ 且 $\varphi \in (0, 1)$，则 $y_{1\infty} = y_{2\infty}$。值得注意的是，$\alpha = \beta = \dfrac{1}{2}$ 与 $\varphi = \dfrac{1}{2}$ 不同时存在。

命题 3.4 证毕。

命题 3.4 给出了九种情形，即稳态情形下，在零售商广告影响因子、市场比例处于不同取值范围内，零售商 1 采取广告努力策略大于、等于或小于零售商 2 的广告努力策略。如果广告影响力 α、β 和市场比例 φ 满足第一种情形至第八种情形的条件，则有相应结果零售商 1 的广告努力小于或大于零售商 2 的广告努力（$y_{1\infty} < y_{2\infty}$ 或 $y_{1\infty} > y_{2\infty}$）。如果广告影响力 α、β 和市场比例 φ 满足第九种情形，则有零售商 1 与零售商 2 投入相同的广告努力（$y_{1\infty} = y_{2\infty}$）。

在命题 3.4 中，上述九种情形可以分为三类情况：第一类是零售商 1 广告影响力小于零售商 2 广告影响力（第一种情形至第四种情形）；第二类是零售商 1 广告影响力大于零售商 2 广告影响力（第五种情形至第八种情形）；第三类是零售商 1 广告影响力等于零售商 2 广告影响力（第九种情形）。下面将分别讨论以上三种情况。

先讨论第一类情况，即零售商 1 的广告影响力小于零售商 2 的广告影响力，这对应命题 3.4 中的第一种情形至第四种情形。第一种情形至第四种情形可以分为三种情况，分别是零售商 2 的广告影响力大于、等于或小于 $\frac{1}{2}$。如果零售商 2 广告影响力处于较高水平时，即大于 $\frac{1}{2}$，无论零售商 1 的市场比例为多少，零售商 1 将选择比零售商 2 还要高的广告努力策略。如果零售商 2 广告影响力处于中等水平，即等于 $\frac{1}{2}$，零售商 1 与零售商 2 之间广告努力的大小关系与零售商 1 的市场比例密切相关。如果市场比例处于中等水平，即等于 $\frac{1}{2}$，则零售商 1 投入的广告努力比零售商 2 投入的广告努力要低；否则，零售商 1 将选择比零售商 2 更高的广告努力策略。如果零售商 2 广告影响力处于较低水平时，即小于 $\frac{1}{2}$，零售商 1 和零售商 2 关于广告努力的比较结果也被市场比例影响。如果市场比例处于中等水平，则零售商 1 投入的广告努力比零售商 2 投入的广告努力低；否则，零售商 1 将比零售商 2 投入更高的广告努力策略。

为了便于解释上述三种情况，将依据零售商 2 广告影响力（β）的取值范围把以上情况进一步划分为两种，即零售商 2 广告影响力处于较高水平 $\left(\beta > \frac{1}{2}\right)$、零售商 2 广告影响力处于中低水平 $\left(\beta \leqslant \frac{1}{2}\right)$。如果零售商 2 广告影响力处于较高水平，即 $\beta > \frac{1}{2}$，与广告影响力较低的零售商 1 相比，零售商 2 选择与零售商 1 同等的广告努力水平可以达到比零售商 1 更强的广告效果。此外，投入多的广告努力不仅为零售商带来更高的销量、更高的收益，也为零售商造成额外的广告成本。因此，在较高水平广告影响力、投入广告努力的多少与广告成本三者的权衡下，零售商 2 会设置比零售商 1 投入更低的广告努力水平。如果零售商 2 广告影响力处于中等或较低水平，即 $\beta \leqslant \frac{1}{2}$，那么零售商 2 会根据零售商 1 的市场比例来制定其广告努力策略。如果市场比例处于较高水平，这意味着零售商 1 占据的市场比零售商 2 的市场更多。即使零售商 2 广告影响力较高且可以从零售商 1 的市场中掠夺更多的消费者，其销售市场的规模也不足以与零售商 1 抗衡。因此，零售商 2 会选择设置比零售商 1 更低的广告努力策略，出于减少广告成本、保障利润的考虑。如果市场比例处于中等水平，则意味着两个零售商的市场规模相差无几。拥有较高广告影响力的零售商 2 会比零售商 1 投入更多的广告努力，以掠夺零售商 1 的消费者从而扩大自身市场，即零售商 2 能够在更高的广告努力策略下获得更多收益。如果市场比例处于较低水平，这意味着零售商 2 的市场规模比零售商 1 的市场规模大。零售商 2 无需投入更多的广告努力就可拥有足够的销售市场，即选择投入较低的广告努力对零售商 2 来说是最优的策略。

简而言之，零售商决定投入多少广告努力不仅取决于对产品销售市场的信息了解程度，而且要结合广告成本及竞争对手的策略综合考虑。更多的广告宣传会为零售商带来更多的销售量和更高的收益，但也会产生额外的广告成本。广告、重大促销活动与投资的决策都包含重要的策略性，处于不同情况下的零售商可能会采取相同的广告投资策略，然而是出于不同侧重因素的考虑。

第二类情况，即零售商 1 广告影响力大于零售商 2 的广告影响力，这对应命题 3.4 中的第五种情形至第八种情形。第二类情况是第一类情况的对称情景，这里就不赘述了。

讨论第三类情况，即零售商 1 与零售商 2 的广告影响力相同，这对应命题 3.4 中的第九种情形。如果零售商 1 与零售商 2 拥有同等效力的广告影响力，则两个零售商会投入相同的广告努力策略。上述结论需满足零售商的市场占比与广告影响因子的值不同时为 $\frac{1}{2}$。上述现象与"价格战"背后隐含的经济含义类似。由于两个零售商的广告影响力相同，只要其中一方增加广告投入，那么另外一方也会增加广告投入。结果是两个零售商无论哪一方都不能通过广告这一手段从对方市场中掠夺消费者。然而，零售商双方不断增加广告投入，无非是不断给自身增加额外的广告成本。因此，两个零售商选择相同水平的广告投入努力对彼此均是最优决策。

命题 3.5　在稳态时，基于广告影响因子 α、β 与市场比例 φ，零售商 1 与零售商 2 之间关于零售价格的大小关系由下式可知：

$$p_{1\infty}-p_{2\infty}=\frac{2\gamma(\gamma+r)(F-2\lambda)(\beta^2-\alpha^2)}{(\Delta-r^2)\left[(2-\varphi)\alpha^2+(1+\varphi)\beta^2-3\varphi(1-\varphi)\right]} \tag{3-28}$$

若 $\frac{2}{3}<\alpha<\beta<1$，则 $p_{1\infty}>p_{2\infty}$；若 $\frac{2}{3}<\beta<\alpha<1$，则 $p_{1\infty}<p_{2\infty}$。特别地，若 $0<\alpha=\beta<1$ 且 $\alpha=\beta=\frac{1}{2}$ 与 $\varphi=\frac{1}{2}$ 不同时存在，则 $p_{1\infty}=p_{2\infty}$。

证明： 由式（3-28）可得，$p_{1\infty}-p_{2\infty}=\frac{2\gamma(\gamma+r)(F-2\lambda)}{\Delta-r^2}\cdot\frac{\beta^2-\alpha^2}{(2-\varphi)\alpha^2+(1+\varphi)\beta^2-3\varphi(1-\varphi)}$，

由于 $\frac{2\gamma(\gamma+r)(F-2\lambda)}{\Delta-r^2}>0$，那么 $p_{1\infty}-p_{2\infty}$ 的结果依赖于 $\frac{\beta^2-\alpha^2}{(2-\varphi)\alpha^2+(1+\varphi)\beta^2-3\varphi(1-\varphi)}$ 的大小。

又有，$\frac{\beta^2-\alpha^2}{(2-\varphi)\alpha^2+(1+\varphi)\beta^2-3\varphi(1-\varphi)}=\frac{\beta^2-\alpha^2}{3\varphi^2+(\beta^2-\alpha^2-3)\varphi+2\alpha^2+\beta^2}$。若 $p_{1\infty}-p_{2\infty}>0$，则 $\frac{\beta^2-\alpha^2}{3\varphi^2+(\beta^2-\alpha^2-3)\varphi+2\alpha^2+\beta^2}>0$，也就是 $\beta^2-\alpha^2>0$ 且 $3\varphi^2+(\beta^2-\alpha^2-3)\varphi+2\alpha^2+\beta^2>0$，即 $\beta-\alpha>0$ 且 $2\alpha^2+\beta^2-\frac{4}{3}>0$ 同时成立，则有 $\frac{2}{3}<\alpha<\beta<1$。同理，$p_{1\infty}-p_{2\infty}<0$ 的充分条件是 $\frac{2}{3}<\beta<\alpha<1$。如果 $\alpha=\beta$ 且 $\varphi\in(0,1)$，则有 $p_{1\infty}-p_{2\infty}=0$，即 $p_{1\infty}=p_{2\infty}$，值得注意的是 $\alpha=\beta=\frac{1}{2}$ 与 $\varphi=\frac{1}{2}$ 不同时存在。命题 3.5 证毕。

命题 3.5 说明了在两个零售商的广告影响因子处于不同数值范围，零售商 1 零售价格与零售商 2 零售价格在稳态情形下的大小关系。如果两个零售商的广告影响因子满足条件 $\frac{2}{3}<\alpha<\beta<1$，那么零售商 1 的零售价格比零售商 2 的零售价格高。相反，零售商 2 的零售价格大于零售商 1 的零售价格，需要广告影响因子满足 $\frac{2}{3}<\beta<\alpha<1$。特别地，如果 $\alpha=\beta$，但需要 $\alpha=\beta=\frac{1}{2}$ 与 $\varphi=\frac{1}{2}$ 不同时存在，那么两个零售商会设置相同的零售价格策略。

结合命题 3.4 中的第一种情形，在广告影响力满足不等式 $\frac{2}{3}<\alpha<\beta<1$ 时，则零售商 1 的广告努力策略与零售价格策略均高于零售商 2 的相应策略。这个结论

是有趣的，在零售商 1 广告影响力比零售商 2 广告影响力小时，零售商 1 反而会选择设置比零售商 2 更高的广告努力策略与零售价格策略。这是由于两个零售商销售的是相同的产品，即使两者的零售价格不同，两者零售价格之差也必定在一个很小的范围内。也就是说，广告影响力小的零售商 1 无法通过大幅度降低零售价格与广告影响力大的零售商 2 竞争。因此，零售商 1 只能通过增加广告投入这种方式来吸引消费者，以尽量保障自身销售市场的规模。此外，在已有市场规模基础上，零售商 1 小幅度增加零售价格以获取更多的消费者剩余，从而达到获益的目的。也就是说，在同行业竞争中，增加广告宣传、提高零售价格对于在广告影响力方面处于劣势的零售商来说是最优的策略。同样，在 $\frac{2}{3}<\beta<\alpha<1$ 时，结合命题 3.4 中的第五种情形，则可以得到零售商 1 的广告投入、零售价格都低于零售商 2。这种情况是上述情况的对称情况，不再赘述。

命题 3.6 稳态时，零售商 1 利润与零售商 2 利润的比值如式（3-29）所示：

$$\frac{J_{R_1}}{J_{R_2}}=\frac{\left[\beta^2-\varphi(1-\varphi)\right]^2(2\varphi-\alpha^2)}{\left[\alpha^2-\varphi(1-\varphi)\right]^2\left[2(1-\varphi)-\beta^2\right]} \qquad (3-29)$$

命题 3.6 的证明过程较为简单，此处省略。

命题 3.6 说明了在稳态情形下，两个零售商利润之间的大小关系是受关键参数零售商的广告影响因子与市场比例的影响。也就是说，零售商的利润不仅与自身的广告影响力有关，与市场占比有关，甚至还与竞争者的广告影响力有关。特别地，结合命题 3.4 中第四种情形和第八种情形的特殊情形，可以得出命题 3.6 中关于两个零售商利润之间的比较结果。结合命题 3.4 第四种情形，如果 $\alpha<\beta<\frac{1}{2}$ 且 $\varphi=\frac{1}{2}$，则 $y_{1\infty}<y_{2\infty}$ 且 $J_{R_1}<J_{R_2}$。也就是说，如果市场比例处于中间水平且零售商 1 与零售商 2 的广告影响力都不是很大，甚至零售商 1 广告影响力要小于零售商 2 的广告影响力，则可以得到零售商 1 的广告投入与利润都低于零售商 2 的广告影响力。这种现象背后所包含的经济学含义不言而喻。在市场比例相同的前提下，广告影响力有优势的一方会充分利用广告宣传的优势，以从对方市场中掠夺更多的消费者从而获得更多的利润。换句话说，如果在同行业中的零售商广告影响力都处于较低水平，那么广告影响力有优势的零

售商可以利用广告宣传而获益。同理，结合命题3.4第八种情形，如果 $\beta<\alpha<$ $\frac{1}{2}$ 且 $\varphi=\frac{1}{2}$，则 $y_{1\infty}>y_{2\infty}$ 且 $J_{R_1}>J_{R_2}$。

第五节 数值模拟分析

本节通过数值方法分析了供应链成员的最优运营与营销策略，旨在研究关键参数对成员最优策略与利润的影响。另外，本节还通过比较两个零售商在不同参数设置下的控制策略、利润与市场需求，讨论两者的行为偏好，以进一步分析零售商在同行竞争环境中该如何制定策略，以及上游制造商又该如何决策。

为了便于得到符合实际管理意义的结论，模型中所涉及的控制策略与利润都应满足非负约束条件，在本节数值模拟中，参数的选取将满足这些实际约束。为了使数值模拟的结果更具有效性，本节参数取值是在关于绿色工艺创新（Reimann et al.，2019；Wang et al.，2019；Li，2017；Zhang et al.，2016）、广告（Chutani and sethi，2018；Song et al.，2017；He et al.，2009；Liu et al.，2017）等相关文献的基础上进一步选取的，这些参数可以提供一个相对全面的说明。作为参数基准，本节选取的参数值如下：

绿色创新技术相关参数：$\gamma=0.01$，$a=0$；

单位生产成本相关参数：$\lambda=1$，$\theta=0.01$；

产品需求相关参数：$F=10$，$\delta=0.01$，$\varphi=0.5$，$\alpha=0.6/0.7/0.8$，$\beta=0.7$；

折现因子：$r=0.03$。

本节将着重分析广告影响因子 α、β 的变化对整个供应链的影响，因此设置市场分配比例 $\varphi=0.5$，如此设置可以控制外生因素的不确定性，以使结论不被其他外生因素所干扰。在本节中设置两个零售商具有相同的市场份额，而仅考虑零售商1的广告影响因子 α 的变化对其他供应链成员策略的影响。为了确保数值模拟结果的可靠性，将通过改变 α 取不同的三个值（0.6、0.7、0.8）分别进行敏感性分析，零售商2的广告影响系数 β 则取值0.7。另外，每次模拟仅调整一个参数，同时确保其他参数取值均不变（Liu et al.，2017），本节将在参数 α、β 取不同数值组合的情形下，分析供应链成员的策略与利润的变化情形。本节还将分析制造商采用绿色工艺创新策略对其产品的单位生产成本与市场需求的影响情况。

图 3-2 说明了绿色工艺创新努力、绿色创新技术水平随时间变化的路径。从图 3-2（a）可以看出，制造商将持续不断地投入绿色工艺创新努力，然而随着时间的推移，制造商投入创新努力的速度逐渐减慢。图 3-2（b）反映出，随着制造商投入创新努力的增加，其对绿色创新技术的掌握程度逐渐趋于成熟。Li（2017）的研究表明工艺创新的投入随着时间的推移而逐渐减少。本章的结论也与 Li（2017）的结论相符，即制造商绿色工艺创新的边际投入努力随时间的推移递减。这是由于绿色工艺创新投入量增加，使得边际技术成熟度下降。也就是说，随着时间的推移，制造商对增加绿色工艺创新投入的意愿将会下降，即绿色创新技术的边际投入努力将下降。因此，在不同阶段，制造商将选择不同的绿色工艺创新努力策略，掌握不同程度的绿色创新技术。特别地，如果零售商 1 与零售商 2 拥有的市场份额相同，那么无论两个零售商之间的广告竞争多么激烈，都不会影响制造商的控制策略。这是由于，制造商批发给两个零售商的产品数量是依据两个零售商的市场份额，即零售商的广告影响力是不足以影响制造商关于产品的制定策略的。因此，如果两个零售商占据相同的市场份额，即使两个零售商的广告影响力不相同，制造商也并不会在决策时将广告因素纳入考虑。

图 3-3（a）、图 3-3（b）和图 3-3（c）分别说明了在投入绿色工艺创新努力之后，制造商的单位生产成本、市场总需求与批发价格随时间变化的路径。从图 3-3（a）可以看出，制造商的单位生产成本随着绿色创新技术的不断成熟而逐渐降低。因此，在应用绿色创新技术后，相同的投入会带来更多的产出，即制造商可以使用更少的能源、更低的成本来达到与未使用技术情形同等产出的目的。这也与实际案例相符，如因自动化技术的进步，汽车、卡车的生产仅需要很少的资本、能源及劳动力[①]；地毯业的迅速发展，原因之一是地毯行业中的三大

---

① "中国制造日"活动开启汽车企业　展现科技创新和制造实力［EB/OL］.（2020-12-28）. https：//baijiahao. baidu. com/s？id=1687289098628011301&wfr=spider&for=pc.

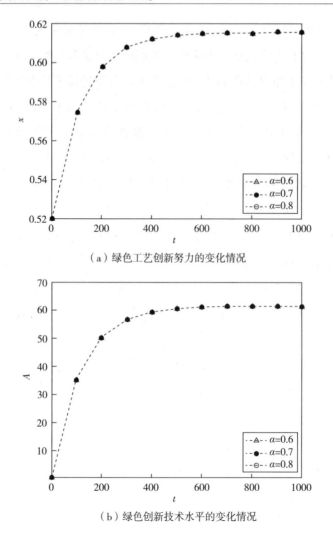

（a）绿色工艺创新努力的变化情况

（b）绿色创新技术水平的变化情况

图 3-2　绿色工艺创新努力与绿色创新技术水平随 t 变化的情况（$\varphi = 0.5$，$\beta = 0.7$）

资料来源：笔者绘制。

制造商 Shaw、Mohawk 与 Beaulieu 引进了效率更高的地毯生产设备，大幅度地降低了生产成本并极大提高了地毯产量[①]。图 3-3（b）描述了市场规模会随着绿色创新技术的成熟而扩大。这与人类对日益加重的环境问题的担忧是密不可分

---

① 结缘宜信财富，她加盟的企业被巴菲特全资收购，现在是全球最大的地毯生产商［EB/OL］．（2017-08-02）．https：//www. sohu. com/a/161735551_ 160621.

的，化石燃料的过度开采与过度消耗导致全球变暖，各行各业都在想方设法将绿色工艺创新运用于生产环节以降低能源的消耗并减少污染物排放。在人类对环境保护日益重视的大趋势下，绿色工艺创新的使用可以有效地节能降耗，因此制造商投入绿色工艺创新努力会产生良好的社会反响，进而使得其产品的市场规模扩大。从图 3-3（a）、图 3-3（b）得出的结论与 Hojnik 和 Ruzzier（2016）、Purtik 等（2016）、Moyano-Fuentes 等（2018）、Adner 和 Levinthal（2001）的结论相符，即工艺创新可以有效地减少成本、增加需求。图 3-3（c）说明了制造商的批发价格随绿色创新技术的成熟而降低。制造商选择设置一个较低的批发价格策略以实现价格让步，鼓励零售商设置较低的零售价格以进一步刺激市场需求。也就是说，制造商处于降低生产成本、提高产量的生产阶段，可以考虑在生产过程中投入绿色工艺创新，不仅能够降低生产成本、扩大消费群体，还能使制造商获益。

图 3-4（a）、图 3-4（b）和图 3-4（c）分别说明了两个零售商的零售价格、广告努力与产品需求随时间变化的路径。从图 3-4（a）可以看出，广告影响力小的零售商会选择一个比广告影响力大的零售商零售价格更高的策略。这是一个有趣的结论。出现上述结论的原因是，由于两个零售商销售的是同样的产品，即使两者的零售价格不同，但零售价格之差必定在一个很小的范围内。对广告影响力小的零售商来说，在已有销售市场的基础上，小幅度增加零售价格可以获取更多的消费者剩余。图 3-4（b）说明了广告影响力小的零售商会选择较高的广告努力策略。更多的广告投入会给广告影响力小的零售商带来更高的销量，也就意味着带来更多的收益。因此，相对于同行业其他零售商，即使广告影响力处于较低水平的零售商也会选择投入更高的广告努力策略，否则，该零售商市场规模将会缩小。反而，广告影响力大的零售商投入同等比例的广告努力可以达到更好的广告效果，但也意味着将产生不必要的高额广告成本，因此该零售商将选择较低的广告努力策略。图 3-4（a）、图 3-4（b）从两个零售商竞争的角度出发，所得到关于零售价格策略与广告努力策略的结论与以往文献的结论有所不同，以往文献是从供应链成员之间合作广告的角度进一步得出关于零售价格策略与广告努力策略的结论，如 Zhou 等（2017）、Chutani 和 Sethi（2018）、Song 等（2017）、He 等（2009）。图 3-4（c）表明，广告影响力小的零售商的市场规模反而比广告影响力大的零售商的市场规模更大。该结论是基于本节假设市场占比

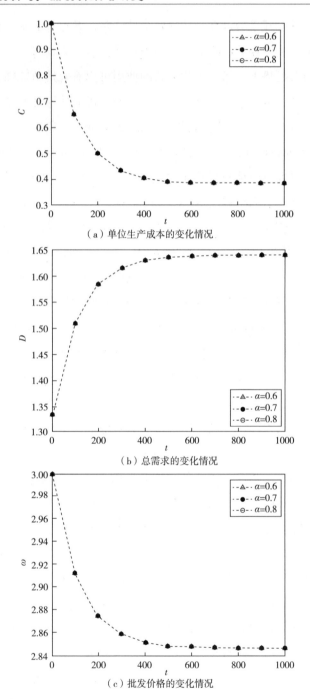

（a）单位生产成本的变化情况

（b）总需求的变化情况

（c）批发价格的变化情况

图 3-3 单位生产成本、总需求与批发价格随 t 变化的情况（$\varphi=0.5$，$\beta=0.7$）

资料来源：笔者绘制。

为 $\frac{1}{2}$ 的前提下所得，然而这也可以得出一些符合实际且有趣的启示。较高的广告投入可以为零售商获得更大的市场规模，即使该零售商的广告影响力较小。在零售业中，同样的商品是由不同零售店进行销售，零售店则通过所处地理位置的优势、经营时间的长短、服务人员的服务能力与可支持的支付方式等将该店区别于竞争对手，进而相互竞争。也就是说，潜在市场规模会影响零售商或制造商对产品或服务策略的制定。

图 3-5（a）、图 3-5（b）分别说明了成员利润随时间变化的路径。图 3-5（a）说明了制造商可以从绿色工艺创新策略中获益，该结论与 Hojnik 和 Ruzzier（2016）、Purtik 等（2016）、Moyano-Fuentes 等（2018）所得结论相符，即工艺创新是企业的盈利手段之一。因此，制造商将更倾向投入绿色工艺创新，得益于绿色工艺创新对成本的降低、市场规模的扩大、更清洁环保的优势。即使有创新成本的存在，制造商仍会选择一个较低的批发价格策略，这是由于投入绿色工艺创新为制造商带来的利润不仅可以抵消运营成本，还可以产生更大的收益。在创新成本与收益两者之间权衡，绿色工艺创新策略可以使制造商获益。因此，不考虑产品更新换代的前提下，在长期经营中选择绿色工艺创新对制造商来说是最优策略。

图 3-5（b）说明，如果市场比例处于中等水平，广告影响力小的零售商的利润反而高于广告影响力大的零售商。结合图 3-4 与图 3-5（b），可以得到如下结论：在市场占比处于中等水平的情况下，广告影响力低的零售商的零售价格、广告努力及利润都要高于广告影响力大的零售商。广告影响力小的零售商会选择较高的零售价格策略与较高的广告努力策略，因此广告影响力小的零售商反而会比广告影响力大的零售商得到更高的收益。也就是说，如果市场比例处于中等水平，在广告影响力方面处于劣势的零售商可以通过定价策略与广告手段在同行业竞争中获得优势地位（即获得更高的收益水平）。这是一个有趣的结论。这是由于，在市场比例处于中等水平时，两个零售商之间的竞争主要表现在价格竞争与广告竞争方面。然而，由于两个零售商销售的产品相同，故该产品的零售价格在两个零售商中相差无几。价格竞争并不是同行业竞争中的主要竞争手段，而广告竞争才是两个零售商之间的主要竞争方式。因此，选择更高的广告努力投入可以

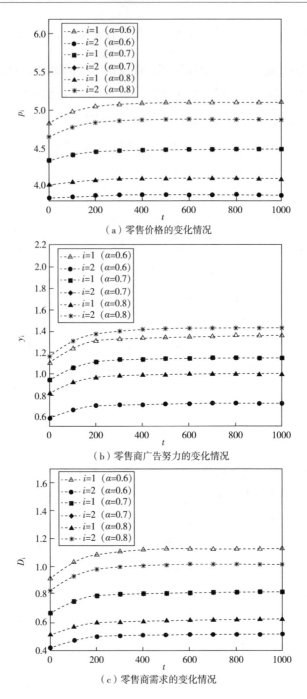

（a）零售价格的变化情况

（b）零售商广告努力的变化情况

（c）零售商需求的变化情况

图 3-4　零售价格、广告努力与零售商需求随 t 变化的情况（$\varphi=0.5$，$\beta=0.7$）

资料来源：笔者绘制。

弥补零售商广告影响力小的劣势。也就是说，更高的广告努力可以为广告影响力小的零售商带来更多的消费群体，即使消费群体将面临略微偏高的零售价格。需要注意的是，两个零售商的零售价格之差是在很小范围之内的。在实际生活中，上述现象也有相应体现，如在广告销售中常见的明星效应，采用明星代言产品的策略是企业利用消费者的盲从心理，通过媒体广泛宣传使自身产品被大众知晓并接受的推销手段。因此，采用适当的广告方式或重大促销活动对零售商来说也是非常重要的策略。总体来说，在两个零售商的市场规模相差无几时，广告影响力处于劣势的零售商可以通过选择适当的广告策略在同行业竞争中获得优势。因此，广告是零售商与竞争对手竞争的武器，该结论不同于先前文献认为的广告是供应链成员合作的一种手段（Reimann et al.，2019；Jørgensen et al.，2000；Chutani and Sethi，2018；He et al.，2009）。

图3-6（a）、图3-6（b）分别说明了绿色工艺创新努力与绿色创新技术水平随市场比例变化的路径。从上述两张图可以看出，如果广告影响力小的零售商占据主要市场，制造商会选择较高的绿色工艺创新努力策略，掌握更成熟的绿色创新技术。反之，如果广告影响力大的零售商占据主要市场，制造商会选择较低的绿色工艺创新努力策略，掌握较不成熟的创新技术。也就是说，不同广告影响力的零售商占据主要市场，制造商将会选择不同的绿色工艺创新努力策略，掌握不同水平的绿色创新技术。这是一个有趣的结论，即制造商的绿色工艺创新努力策略被零售商的市场规模影响。在广告影响力小的零售商占据主要市场时，制造商不得不设置一个高的绿色工艺创新努力以使生产成本足够低、市场规模足够大，制造商还可以使用成熟度高的绿色创新技术以吸引消费者来扩大市场规模，从而弥补高的零售价格造成消费者流失、市场规模减小的负面影响。在广告影响力高的零售商占据主要市场时，"搭便车"行为使制造商将选择一个低的绿色工艺创新努力策略。因此，制造商的"搭便车"心理、不同广告影响力的零售商占据主要市场，将影响制造商投入绿色工艺创新努力的多少，也将影响制造商掌握绿色创新技术的熟练程度。制造商制定绿色工艺创新策略受到零售商策略与市场情况的影响，这也是对影响制造商绿色工艺创新策略的影响因素［如干中学因素（Reimann et al.，2019；Li，2017；Li and Ni，2016）］的扩展。

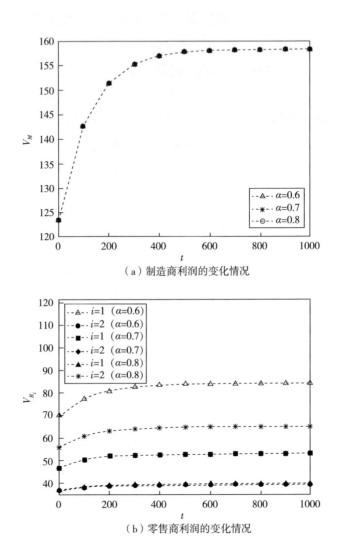

（a）制造商利润的变化情况

（b）零售商利润的变化情况

图 3-5　制造商利润与零售商利润随 t 变化的情况（$\varphi=0.5$，$\beta=0.7$）

资料来源：笔者绘制。

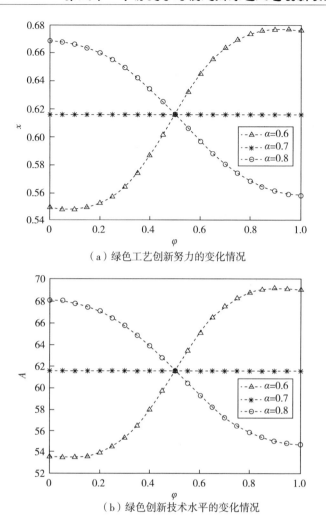

（a）绿色工艺创新努力的变化情况

（b）绿色创新技术水平的变化情况

图 3-6 绿色工艺创新努力与绿色创新技术水平随 φ 变化的情况（$\beta=0.7$）

资料来源：笔者绘制。

图 3-7（a）、图 3-7（b）、图 3-7（c）分别说明了制造商的单位生产成本、总需求与批发价格随市场比例变化的路径，这三张图表明，如果广告影响力小的零售商占据主要市场，制造商则有更低的边际生产成本、更大的市场规模及更低的批发价格。反之，如果广告影响力大的零售商占据主要市场，制造商则有更高的边际生产成本、更小的市场规模及更高的批发价格。也就是说，制造商的单位

生产成本、市场规模及批发价格策略受到零售商所处市场环境的影响。制造商采用绿色工艺创新可以使单位生产成本与批发价格降低、市场规模扩大。制造商可以某个更低的批发价格为零售商提供同等商品数量或者以同等批发价格提供更多的商品数量。制造商投入更多的绿色工艺创新努力可以使创新技术的成熟度更高、生产成本更低及市场规模更大。因此，对制造商来说，投入较高的绿色工艺创新努力是最优的策略。然而，制造商的绿色工艺创新策略与批发价格策略均受到不同广告影响力的零售商所处市场环境及零售商策略的影响。

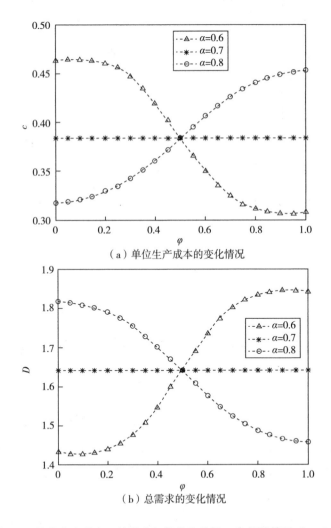

（a）单位生产成本的变化情况

（b）总需求的变化情况

图 3-7 单位生产成本、总需求与批发价格随 φ 变化的情况（$\beta = 0.7$）

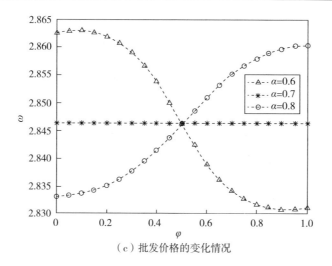

（c）批发价格的变化情况

图3-7 单位生产成本、总需求与批发价格随 φ 变化的情况（$\beta=0.7$）（续）

资料来源：笔者绘制。

图3-8（a）、图3-8（b）与图3-8（c）说明了两个零售商的零售价格、广告努力与需求随市场比例变化的路径，这三张图表明，广告影响力小的零售商的零售价格与广告努力随市场比例先增后减，广告影响力大的零售商的零售价格与广告努力随市场比例先减后增。为了便于分析，下面将分析 $\alpha=0.6$，$\beta=0.7$ 的情形，$\alpha=0.8$，$\beta=0.7$ 的情形与上述情形类似。

如果市场比例处于较低水平，零售商1的零售价格与广告努力均逐渐增加，零售商2的零售价格与广告努力均逐渐减少。零售商1选择一个高的广告努力策略是为了吸引更多的消费者，高的零售价格策略则可以获取更多的消费者剩余。零售商2选择一个较低的零售价格策略吸引消费者，低的广告努力策略则是为了降低广告成本。由于两个零售商的零售价格之差在很小的范围内，所以两个零售商各自的市场需求主要被广告宣传影响。这意味着，即使零售商2在初始阶段拥有比零售商1更大的市场规模，两者市场规模的差距也在逐渐缩小。如果市场比例处于中等水平，两个零售商之间在价格与广告方面的竞争将达到最高程度。零售商1的零售价格水平与广告努力投入将达到最高程度，零售商2的零售价格水平与广告努力投入将达到最低程度，并且零售商2的市场规模将逐渐低于零售商1。

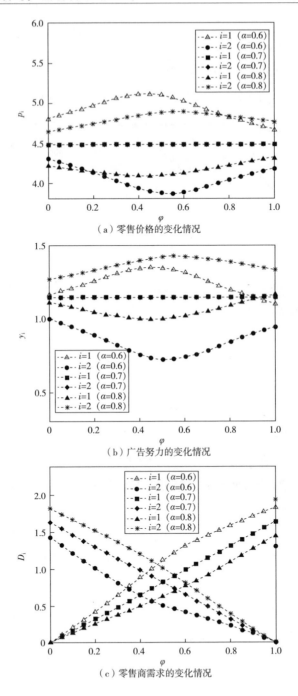

（a）零售价格的变化情况

（b）广告努力的变化情况

（c）零售商需求的变化情况

图 3-8　零售价格、广告努力与零售商需求随 φ 变化的情况（$\beta=0.7$）

资料来源：笔者绘制。

如果零售商1的市场占有率处于较高水平，则零售商1的零售价格与广告投入逐渐降低，而零售商2的零售价格与广告投入逐渐增大。对零售商1来说，零售商1市场规模的扩大，将使其选择一个低的广告努力策略以减少广告成本和降低零售价格以提升企业口碑。对零售商2来说，零售商2市场规模的减小，使其不得不选择一个高水平的广告努力策略来吸引消费者和制定较高的零售价格获取更多的消费者剩余。总体来说，零售商关于定价与广告的策略受到市场比例的影响。

图3-9（a）、图3-9（b）分别说明了制造商利润与两个零售商利润随市场比例变化的路径。图3-9（a）表明，广告影响力小的零售商占据主要市场，则

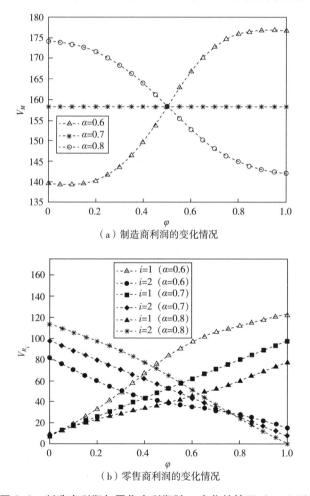

（a）制造商利润的变化情况

（b）零售商利润的变化情况

图3-9　制造商利润与零售商利润随 φ 变化的情况（$\beta=0.7$）

资料来源：笔者绘制。

制造商将获得较高利润。广告影响力大的零售商占据主要市场，制造商将获得较低利润。这是由于，制造商利润与绿色工艺创新努力的投入、绿色创新技术的成熟度、单位生产成本、批发价格及市场规模这些因素密切相关。然而，上述因素受不同零售商的策略与不同市场情形的影响。因此，制造商的利润也与不同零售商的策略、不同市场情形密切相关。总体来说，在同行业竞争中广告影响力处于劣势的零售商占据主要市场对制造商是非常有利的，可以使制造商掌握更加成熟的绿色创新技术并因此获取更高的收益。

图 3-9（b）表明，广告影响力小的零售商占据主要市场可以获得比广告影响力大的零售商更高的利润。与图 3-9（a）的情形相似，零售商利润与零售价格、广告努力、批发价格密切相关。然而，上述因素受竞争对手的策略与不同市场情形的影响。因此，零售商利润也受竞争对手的策略与不同市场情形的影响。总体来说，广告影响力处于劣势的零售商在同行竞争中可以获得更多的利润，如果其最初市场占比不处于极低水平。

综上所述，图 3-2（b）、图 3-3（a）、图 3-3（b）与图 3-5（a）表明制造商投入绿色工艺创新可以为其带来诸多优势，如单位生产成本的减少、市场规模的扩大及利润的提高。因此，在处于考虑降低成本、提高产量的生产阶段，选择绿色工艺创新对制造商来说是最优策略。然而，图 3-6（b）、图 3-7（a）、图 3-7（b）与图 3-9（a）揭示了绿色工艺创新为制造商带来优势的程度（即大幅优势或小幅优势）受到除了制造商自身因素之外的其他因素的影响，如不同零售商的广告影响力及不同的市场情形。该结论在先前文献的基础上也扩充了有关制造商绿色工艺创新策略影响因素的研究，广告影响力小的零售商占据主要市场，绿色工艺创新将为制造商带来大幅优势。相反，如果广告影响力大的零售商占据主要市场，绿色工艺创新将为制造商带来小幅优势。

图 3-2（a）、图 3-3（c）与图 3-5（a）说明制造商对绿色工艺创新的边际投入努力随时间递减。特别地，批发价格也随时间持续下降直至最低水平（稳态）。然而，图 3-6（a）、图 3-7（c）与图 3-9（a）揭示了制造商的控制决策与利润受到不同零售商的不同广告影响力与不同市场情形的影响。广告影响力小的零售商占据主要市场，制造商将会选择较高水平的绿色工艺创新努力策略与较低的批发价格策略并获得较高的利润。相反，制造商将选择较低水平的绿色工艺

创新努力策略与较高的批发价格策略并获得较低的利润，在广告影响力大的零售商占据主要市场的情况下。

图 3-4（a）、图 3-4（b）和图 3-5（b）表明广告影响力小的零售商会选择比广告影响力大的零售商更高水平的零售价格策略与广告努力策略。结果是广告影响力小的零售商会获得更高的利润。因此，广告是零售商在同行业竞争中的有效手段。图 3-8（a）、图 3-8（b）和图 3-9（b）揭示了零售商的策略受到制造商策略、竞争对手的策略及不同市场情形的影响。拥有不同广告影响力的零售商可能在同行业竞争中处于优势或者劣势地位。特别地，有趣的结论是广告影响力处于劣势的零售商在同行业竞争中可以获得更高的利润，如果其最初市场占比不处于极低水平。该结论也可以用来解释沃尔玛与 7-11 便利店的行业竞争问题。拥有多种优势且以价格低廉著称的大型零售商沃尔玛，出于节约广告成本的考虑强制要求其分店必须选址于仓库的配送范围之内。反观价格偏高且销售产品种类偏少的 7-11 便利店，在市场低迷时仍反其道而行之推出高品质的高价产品，其自有品牌 7-Premium 为 7-11 便利店创造了高额利润。这与以往认知经验"拥有优势的公司一直也有利润的优势"有所不同。也就是说，拥有广告优势的零售商会因为自身占据优势更侧重于减少广告成本而选择较低水平的广告投入策略，结果导致其在行业竞争中处于劣势。

本章小结

本章研究了在上游制造商采取绿色工艺创新策略时，零售商该如何制定定价策略与广告策略以在同行业竞争中取得优势，并且下游零售商之间的同行业竞争又是如何影响制造商制定绿色工艺创新努力策略的问题。本章考虑了由一个上游制造商与两个下游零售商组成的动态供应链环境，将问题描述为制造商与零售商之间的 Stackelberg 博弈及两个同行业零售商之间的 Nash 博弈。通过对解析解与数值模拟的分析，进一步得到了一些有意义的结论：

第一，如果制造商处于考虑降低成本、提高产量的生产阶段，选择绿色工艺创新对制造商来说是最优策略。然而，制造商绿色工艺创新活动的进程将受到零售商策略与不同市场情况的影响。具体表现为：如果广告影响力较小的零售商占据主要市场，制造商不得不投入更高的绿色工艺创新努力以保障市场规模的扩大，制造商将掌握更成熟的绿色工艺创新技术以有效降低生产成本进而达到获得更高利润的目的。相反，如果广告影响力较大的零售商占据主要市场，制造商为了降低绿色工艺创新成本而减少对绿色工艺创新的投入，制造商将掌握较不成熟的绿色工艺创技术。

第二，有趣的是制造商的策略选择受到零售商策略与不同市场情形的影响。这是由于不同广告影响力（较大/较小）的零售商占据主要市场给制造商造成的影响不同。具体表现为，如果广告影响力较小的零售商占据主要市场，高的零售价格使制造商不得不选择一个较高的绿色工艺创新努力策略与一个较低的批发价格策略。如果广告影响力较大的零售商占据主要市场，"搭便车"心理使得制造商过度依赖零售商较大的广告影响力，制造商将选择一个较低的绿色工艺创新努力策略与一个较高的批发价格策略。特别地，同行业竞争中较小广告影响力的零售商占据主要市场对制造商是非常有利的。

第三，在竞争初始具有优势的零售商不一定会在同行业竞争中获得优势。广告影响力处于劣势的零售商在同行业竞争中可以获得优势，如果其最初的市场占比不处于极低水平。具体表现为，广告影响力较小的零售商与广告影响力较大的零售商相比，投入同等水平的广告努力，前者所获得的边际收益要高于后者所获得的边际收益。因此，处于劣势的零售商将更有动力投入广告以吸引消费者。并且设置较高的零售价格以获取更多的消费者剩余，即将不利因素转化为有利条件，从而在行业竞争中取得优势。

此外，本章也为管理者提出了一些符合实际的建议。对于管理者来说，在产品成熟阶段可以考虑实施绿色工艺创新，在选择绿色工艺创新策略时要考虑上、下游的策略及所处的竞争环境。对于处于同行业竞争环境中的管理者来说，要充分利用广告与定价武器以应对同行业竞争，即使在初始时处于竞争的优势地位。

第四章　研发合作水平对制造商绿色产品创新决策的影响

本章考虑了下游零售商作为绿色产品创新策略的决策者，研究了其与上游制造商在建立不同合作水平的成本分担契约中，关于绿色产品创新策略与定价策略的选择问题。本章考虑了含有一个制造商与一个零售商的二级供应链。首先，分析了当成本分担比例为外生变量时，制造商与零售商分别作为决策者以制定绿色产品创新策略的情形；其次，分析了当制造商与零售商以讨价还价的方式共同决定成本分担比例时，制造商或零售商作为策略主导者以制定绿色产品创新策略的情形。作为对现有文献的补充，本章的结论表明，不同合作水平对绿色产品创新策略的影响不同。投入越大的绿色产品创新并不一定会使所有供应链成员都获益。成员之间合作水平的提高削弱了制造商或零售商主导绿色产品创新策略的绝对优势，并且可以使供应链渠道更加协调。特别地，合作水平会影响制造商与零售商双赢结果的出现。

第一节　研究背景与问题描述

在 2018 年 8 月 9 日于上海举办的 2018 年盒马新零供关系大会上，盒马鲜生

CEO 侯毅首次提出要建立以买手制为核心要素的新型零供关系①。侯毅认为，当前所谓的代理制是让我国零售业发展停滞不前的根本原因，而买手制才是缓解零售与供应之间矛盾冲突的有效手段，同样也是推动我国零售业迈向新发展阶段的重要方式，零供双方应站在商品开发战略合作的高度上，旨在通过明确零供双方该承担的责任，把满足消费者需求、提升消费体验作为双方的共同目标，这样才能使我国零售业步入新的发展阶段。

盒马鲜生着眼于开发，重塑上、下游供应链体系，以进一步实现上游与下游之间的信息共享，也就是上游供应商向盒马鲜生提供物美价优的产品，盒马鲜生为供应商减少不必要的渠道成本，并通过取消招标比价这种方式，把零供关系从短期的利益博弈转为长远的合作共赢②，零供双方达成良性、长期的战略联盟协作关系。除此以外，盒马鲜生还通过基地建设、商品联合开发等方式，对整个生态体系的商品研发、技术升级、供应链优化等各个环节进行研发投资，旨在与供应商形成一体化的生态系统，与供应商共同研发、共同成长，逐渐形成零售业自有品牌以提升自身核心竞争力③。

据悉，盒马鲜生在供应链中使用"零"耗材管理，旨在通过"零"耗材管理替换供应环节使用的传统一次性泡沫箱，以减少供应链末端资源消耗、优化商品包装环节，据统计此举年均可减少 250 万个泡沫箱。此外，盒马鲜生也加入了"蚂蚁森林"的环保行动，如果消费者购物结束后选择不购买、不使用塑料包装袋，该消费者即可在支付宝软件里的"蚂蚁森林"程序上获得一个绿色能量球，盒马鲜生方面表示，计划在一年内至少减少 1277 万个塑料包装袋的使用。盒马鲜生不仅竭尽所能为环保事业贡献自己的力量，还选择绿色供应商实施绿色采购。例如，2018 年 9 月 20 日，伊利集团携手盒马鲜生，在北京推出"金典绿色消费可持续发展有机市集"，从"看有机"到"尝有机"，再到"享有机"。又如，2020 年 6 月 19 日，盒马鲜生贯彻绿色发展理念，携手今世缘国缘绿色食品，

---

① 盒马开了个"新零供大会"，零售商能从中得到哪些启发［EB/OL］．（2018-08-15）．https：//www.sohu.com/a/247305905_ 100188883.

② 顾国建：盒马新零供关系让零售回归本质［EB/OL］．（2018-08-13）．http：//www.ce.cn/xwzx/gnsz/gdxw/201808/13/t20180813_ 30016311.shtml.

③ 盒马：建立新零供关系，引领零售业变革［EB/OL］．（2018-08-12）．https：//www.sohu.com/a/246750353_ 726993.

致力于将绿色食品带给消费者以满足消费者对绿色美好生活的向往与追求①。

零售商盒马鲜生从满足消费者对产品与环保需求的角度出发，加大对上游供应商生态体系的投资，联合供应商协同研发绿色产品，与其建立长期战略合作伙伴关系，从而引领零售业变革，使上、下游之间联系更加紧密，进而增强了零售商在供应链中对绿色产品合作研发的话语权与投资规划。在以往研究文献中，对供应商或制造商制定绿色产品创新策略的研究已经非常广泛了，供应商或制造商可以在绿色产品创新方面适当投资以提高产品质量（Porter，1995；Lee and Kin，2011；Velden et al.，2015；Cooper，2019）、创造利润与效益（Rothwell，1994；潘楚林和田虹，2016；马骏等，2020；柏群和杨云，2020；彭雪蓉，2019；Amore and Bennedsen，2016）、提高企业形象与竞争优势（祝福云，2009；姜雨峰和田虹，2014；Bustinza et al.，2019；Duan et al.，2020；隋俊等，2015）等。在合作契约领域，学者对产品创新策略的研究也非常深入，Wang 和 Shin（2015）针对供应链中广泛使用的三种契约合同，深入探讨了契约对制造商制定产品创新策略的影响，结果表明收益分担合同能够协调包含创新投资策略在内的所有成员策略，而批发价合同与质量依赖的批发价合同则可能造成创新投资缺乏。Lee 和 Schmidt（2016）的研究结果表明制造商可以与外部供应商以合作的形式提高产品创新的巨大潜力。Pun 和 Ghamat（2016）考虑了制造商可以选择其竞争者或者第三方公司合作进行产品创新或者单独进行产品创新的情形，研究结果表明无论制造商选择与谁合作，只要形成供应链合作关系就能使产品创新及整个供应链发挥更大的价值。张红等（2018）的研究结果表明上、下游之间在绿色产品研发投入成本共担的前提下，选择收益共享契约可以达到协调该供应链的效果。Yu等（2019）研究表明，包含最优创新努力的收益共享契约并不总是比成本分担契约差。杨晓辉和游达明（2022）指出消费者环保意识的增强和政府对绿色产品的补贴有助于促进企业进行绿色技术创新。然而，在上、下游建立研发合作契约的前提下，对零售商在产品合作研发中主导绿色产品创新的研究还有一些空白。因此，本章将在绿色发展的背景下，从消费者对绿色产品的需求与偏好出发，在制

---

① 南京盒马携手今世缘国缘绿色食品，贯彻绿色发展理念［EB/OL］.（2020-06-20）. https：//baijiahao. baidu. com/s？id=1670025444702021738&wfr=spider&for=pc.

造商与零售商建立绿色产品研发合作的前提下，分别赋予制造商与零售商宣布绿色产品创新策略的权利，旨在通过对比而得出绿色产品创新策略主导权与不同契约合作水平对制造商、消费者及整个供应链的影响。

基于上述研究背景，为了深入了解在不同研发合作契约模式下，制造商或零售商作为绿色产品创新策略的决策者将如何选择绿色产品创新策略与定价策略，本章的研究问题如下：

（1）在不同的合作水平下，制造商或零售商拥有创新策略决策权将如何影响绿色产品创新策略的制定？

（2）供应链成员之间合作水平的提高如何影响制造商或零售商对创新策略的主导权？合作水平的提高又将如何影响成员的最优策略、利润及整个供应链的总利润？

（3）在不同合作水平的契约模式下，制造商与零售商能否存在双赢情形？双赢结果的出现又受到什么因素的影响？

为了解决以上问题，本章使用博弈论方法来分析供应链成员的决策过程。本章将制造商在生产绿色产品期间所投入的绿色产品创新努力用来表示产品的绿色程度，并且考虑了成本分担契约模式下制造商或零售商都拥有绿色产品创新策略决策权的不同情形。本章将问题描述为一个上游制造商与一个下游零售商之间的 Stackelberg 博弈模型。制造商或零售商需要制定绿色产品创新策略，制造商与零售商还需要各自制定价格策略。在内生成本分担比例的情形下，制造商与零售商还将以讨价还价的方式共同决策成本分担比例。

本章的研究贡献如下：①不仅考虑了制造商作为绿色产品创新策略决策者的情形，还将零售商作为绿色产品创新决策者的情形纳入考虑，以得出决策权对绿色产品创新策略的影响，并进一步分析决策权对成员利润、整个供应链总利润的影响；②特别考虑了采用绿色产品创新策略生产绿色产品会使制造商产生额外的单位生产成本，如采用更节能的清洁技术或更环保的包装材料使得单位生产成本的增加；③在考虑决策权的基础上引入制造商与零售商之间的创新成本分担契约，并考虑了两者以讨价还价方式共同决策分担比例的情形，以进一步得出成员之间合作水平是如何影响成员对绿色产品创新策略的决策权。

第二节　模型描述与符号说明

本章设置了包含一个制造商与一个零售商的二级供应链环境。特别地，制造商与零售商为了获得绿色度更高的绿色产品，将采取分担绿色产品创新成本的合作模式以激励决策者持续投资绿色产品创新。此外，产品绿色度的提升可以满足企业履行保护环境的责任与义务，还可以吸引具有环保意识的消费者以提高市场需求。与传统产品相比，绿色产品的绿色度体现在选取环保原材料、采用可回收包装及在产品使用阶段减少污染物排放等方面，这也意味着，采用绿色产品创新会给制造商带来额外的生产成本，如使用更清洁、更环保的生产技术或者采用可回收的包装纸箱等。

本章研究了制造商与零售商分别作为绿色产品创新决策的主导者，在成本分担契约的合作模式下关于绿色产品创新与定价的决策问题。首先，本章分析了当成本分担比例为外生变量时，制造商与零售商分别作为决策者以制定绿色产品创新策略的情形。其次，本章考虑了制造商与零售商以讨价还价的方式共同决策成本分担比例时，制造商或零售商作为策略主导者以制定绿色产品创新策略的情形。

表4-1为本章研究所涉及的符号释义。

表4-1　本章的符号释义

分类	符号	释义
上角标	MX	分担比例外生时，制造商是绿色产品创新策略决策者的模型
	RX	分担比例外生时，零售商是绿色产品创新策略决策者的模型
	MXB	分担比例内生时，制造商是绿色产品创新策略决策者的模型
	RXB	分担比例内生时，零售商是绿色产品创新策略决策者的模型
下角标	m	制造商
	r	零售商

分类	符号	释义
参数	V	消费者效用
	D	绿色产品的需求
	δ	消费者对产品绿色度的偏好
	c	单位生产成本
	k	采用绿色产品创新产生额外单位成本的影响因子
	φ	成本分担比例
	π_i	制造商（$i=m$）或零售商（$i=r$）的利润
	Π	供应链整体总利润
决策变量	x	绿色产品创新努力
	ω	批发价格
	p	零售价格

资料来源：笔者绘制。

制造商在生产环节投入绿色产品创新努力 x 以提高其产品的绿色度及其产品与传统产品的差异，并且投入的绿色产品创新努力越多，则产品的绿色度就越高（因此 x 也代表产品的绿色度），但更高的绿色产品创新努力会额外产生更高的生产成本。消费者从产品本身与产品的环保贡献这两方面获得效用。相对于传统产品而言，绿色产品可以为有环保意识的消费者提供更高的效用，因此这些消费者将更加偏好绿色产品。本章假设消费者对绿色产品功能的评估是异质的，并且零售商面向的消费者都具有环保意识。本章使用符号 V 表示消费者从产品使用上所获得的效用，V 是一个非负的随机变量，并且服从于均匀分布函数 $F(t)$，其中 $t \in [0, 1]$。消费者根据产品的零售价格 p 及产品的绿色度 x 进一步做出购买决定。此外，消费者从绿色产品的环保贡献中所获得的效用为 δx，其中 $\delta \in (0, 1)$ 表示消费者对绿色产品绿色度的敏感程度。因此，一个消费者从该绿色产品这里可以获得的效用是 $u=V-p+\delta x$。一个消费者购买该绿色产品的充要条件是 $u>0$，在假设市场规模为 1 的前提下，可以得到该绿色产品的需求函数如下：

$$D(p, x) = P\{V > p - \delta x\} = 1 - F(p - \delta x) = 1 - p + \delta x \qquad (4-1)$$

此外，在本章的模型构建中假设制造商不采用绿色产品创新策略将产生一个固定单位生产成本，用 c 表示制造商生产制造绿色产品产生的单位边际生产成本。为确保制造商和零售商的决策变量、总利润及产品需求为正，本章设定参数 $c \in (0, 1)$。特别地，制造商在生产绿色产品时使用绿色产品创新技术会产生一个额外的单位生产成本，如使用更环保的包装材料会增加产品的单位生产成本，本章用 kx 表示采用绿色产品创新技术额外产生的单位生产成本，其中参数 $k \in (0, 1)$ 表示使用绿色产品创新技术产生额外单位生产成本的影响系数，该系数可以体现制造商对绿色产品创新技术的熟练度或采用环保材料的价值等。

制造商采用绿色产品创新技术会增加研发成本，产品的绿色创新技术水平可以影响制造商对绿色产品创新的投资水平。产品绿色度的提升需要制造商在绿色产品创新研发上投入得更多。根据以往相关文献，创新成本被假设为创新努力的平方，因此本章假设绿色产品创新的成本为 $\frac{1}{2}x^2$，如此设置也表示出每增加一单位的绿色产品创新，所需的研发成本更高，这也是收益递减规律原理的体现。在上、下游建立绿色产品创新成本分担契约，本章用 $\varphi \in (0, 1)$ 来表示零售商将承担制造商绿色产品创新成本的比例。因此，在零售商承担了 $\frac{1}{2}\varphi x^2$ 的创新成本之后，制造商的绿色产品创新成本为 $\frac{1}{2}(1-\varphi)x^2$。

第三节　外生分担比例的成本分担契约

本节研究了当绿色产品创新成本分担比例为外生变量时，制造商或零售商作为绿色产品创新决策的主导者，在成本分担契约的合作模式下关于绿色产品创新策略与定价策略的选择问题，并进一步分析了分担比例与不同供应链成员占据绿色产品创新的主导权将如何影响成员的策略选择与收益问题。

一、制造商为绿色产品创新策略的决策者情形（模型 MX）

本部分分析了成本分担比例为外生变量时，制造商作为决策者以制定绿色产品创新策略的情形，记为模型 MX。模型 MX 的博弈顺序如下：

（1）制造商决定绿色产品创新努力 x^{MX} 与该产品的批发价格 ω^{MX}。

（2）零售商决定绿色产品的零售价格 p^{MX}。

在本章中，定义 π_m^{MX} 表示制造商的利润，其表达式为：

$$\pi_m^{MX} = (\omega-c-kx)D - \frac{1}{2}(1-\varphi)x^2 \qquad (4-2)$$

定义 π_r^{MX} 表示零售商的利润，其表达式为：

$$\pi_r^{MX} = (p-\omega)D - \frac{1}{2}\varphi x^2 \qquad (4-3)$$

对式（4-3）求解关于 p 的一阶导数，可得：

$$\frac{\partial \pi_r^{MX}}{\partial p} = 1-2p+\delta x+\omega \qquad (4-4)$$

进一步求解式（4-3）关于 p 的二阶导数，可得 $\frac{\partial^2 \pi_r^{MX}}{\partial p^2}=-2<0$，则零售商关于 p 有唯一最优均衡解。令式（4-4）等于 0，可得：

$$p^{MX} = \frac{1}{2}(1+\omega+\delta x) \qquad (4-5)$$

将式（4-5）代入式（4-2）得制造商的利润函数为：

$$\pi_m^{MX} = \frac{1}{2}(\omega-c-kx)(1-\omega+\delta x) - \frac{1}{2}(1-\varphi)x^2 \qquad (4-6)$$

对式（4-6）求解关于 x 和 ω 的一阶导数，可得：

$$\frac{\partial \pi_m^{MX}}{\partial x} = \frac{1}{2}(k+\delta)\omega - \frac{1}{2}(\delta c+k) - (\delta k+1-\varphi)x \qquad (4-7)$$

$$\frac{\partial \pi_m^{MX}}{\partial \omega} = \frac{1}{2}[1-2\omega+c+(k+\delta)x] \qquad (4-8)$$

通过对式（4-6）求解关于 x 和 ω 的二阶导数与联合偏导，以及 π_m^{MX} 的 Hessian 矩阵可得：

$$\frac{\partial^2 \pi_m^{MX}}{\partial x^2} = -(\delta k+1-\varphi) \qquad (4-9)$$

$$\frac{\partial^2 \pi_m^{MX}}{\partial \omega^2} = -1 \qquad (4-10)$$

$$\frac{\partial^2 \pi_m^{MX}}{\partial x \partial \omega} = \frac{\partial^2 \pi_m^{MX}}{\partial \omega \partial x} = \frac{1}{2}(k+\delta) \tag{4-11}$$

$$H(x,\ p) = \begin{pmatrix} \dfrac{\partial^2 \pi_m^{MX}(x,\ p)}{\partial x^2} & \dfrac{\partial^2 \pi_m^{MX}(x,\ p)}{\partial x \partial \omega} \\[4mm] \dfrac{\partial^2 \pi_m^{MX}(x,\ p)}{\partial \omega \partial x} & \dfrac{\partial^2 \pi_m^{MX}(x,\ p)}{\partial \omega^2} \end{pmatrix} = \begin{pmatrix} -(\delta k + 1 - \varphi) & \dfrac{1}{2}(k+\delta) \\[4mm] \dfrac{1}{2}(k+\delta) & -1 \end{pmatrix} \tag{4-12}$$

通过式（4-9）、式（4-10）和式（4-12）π_m^{MX} 的 Hessian 矩阵可知，需满足条件 $1-\varphi-\frac{1}{4}(\delta-k)^2>0$，即 $\varphi<1-\frac{1}{4}(\delta-k)^2$，$\pi_m^{MX}$ 的 Hessian 矩阵才可以对所有的 x 和 ω 都为负定，则制造商关于 x 和 ω 有唯一最优均衡解。因此，假设条件 $\varphi<1-\frac{1}{4}(\delta-k)^2$ 成立，通过令式（4-7）与式（4-8）等于 0，可求解得到最优绿色产品创新努力 x^{MX*} 与最优批发价格 ω^{MX*}，将 x^{MX*} 和 ω^{MX*} 代入式（4-3）、式（4-5）和式（4-6），可得制造商与零售商的最优控制策略和利润，总结于命题 4.1。

命题 4.1　在模型 MX 情形下，为保证模型所涉及的策略、需求与利润都为正，则在参数满足 $0<c<1$，$0<k<\delta<1$ 且 $0<\varphi<1-\frac{1}{4}\{(\delta-k)[\sqrt{8+(\delta-k)^2}-\delta+k]\}$ 时，制造商最优的绿色产品创新努力和批发价格、零售商最优的零售价格、产品需求、制造商利润、零售商利润及供应链总利润依次为：

$$x^{MX*} = \frac{(1-c)(\delta-k)}{4(1-\varphi)-(\delta-k)^2} \tag{4-13}$$

$$\omega^{MX*} = \frac{2(1+c)(\delta k+1-\varphi)-(k+\delta)(k+\delta c)}{4(1-\varphi)-(\delta-k)^2} \tag{4-14}$$

$$p^{MX*} = \frac{(1-\varphi)(3+c)+(\delta-k)(k-\delta c)}{4(1-\varphi)-(\delta-k)^2} \tag{4-15}$$

$$D^{MX*} = \frac{(1-c)(1-\varphi)}{4(1-\varphi)-(\delta-k)^2} \tag{4-16}$$

$$\pi_m^{MX*} = \frac{(1-c)^2(1-\varphi)}{2[4(1-\varphi)-(\delta-k)^2]} \tag{4-17}$$

$$\pi_r^{MX*} = \frac{(1-c)^2 [2(1-\varphi)^2 - \varphi(\delta-k)^2]}{2[4(1-\varphi)-(\delta-k)^2]^2} \qquad (4-18)$$

$$\prod{}^{MX*} = \frac{(1-c)^2 [6(1-\varphi)^2 - (\delta-k)^2]}{2[4(1-\varphi)-(\delta-k)^2]^2} \qquad (4-19)$$

命题4.1给出了模型MX情形下的均衡解析解,从上述均衡解可以看出,供应链成员的决策变量与利润都与消费者对绿色产品绿色度的敏感因子δ、单位生产成本c、绿色产品创新产生额外单位成本的影响系数k,以及成本分担比例φ相关。为了进一步理解消费者对绿色产品绿色度的敏感因子、单位生产成本、绿色产品创新产生额外单位成本系数与分担比例对供应链成员最优决策的影响,由命题4.1可得出推论4.1。

推论4.1 在模型MX情形下,在参数满足$0<c<1$,$0<k<\delta<1$且$0<\varphi<1-\dfrac{(\delta-k)[\sqrt{8+(\delta-k)^2}-\delta+k]}{4}$时,单位生产成本、绿色产品创新产生额外单位生产成本影响系数、消费者对绿色产品绿色度的敏感因子与成本分担比例的变化对绿色产品创新努力、批发价格、零售价格、产品需求、利润的影响如表4-2所示。

表4-2 模型MX情形中参数对均衡解的影响

影响因素	x^{MX*}	ω^{MX*}	p^{MX*}	D^{MX*}	π_m^{MX*}	π_r^{MX*}	$\prod{}^{MX*}$
c	↘	↗	$\Omega_{11}:$ ↗ $\overline{\Omega}_{11}:$ ↘	↘	↘	↘	↘
k	↘	↗	↘	↘	↘	$\overline{\Omega}_{12}:$ ↗ $\Omega_{12}:$ ↘	$\overline{\Omega}_{14}:$ ↗ $\Omega_{14}:$ ↘
δ	↗	↗	↗	↗	↗	$\Omega_{12}:$ ↗ $\overline{\Omega}_{12}:$ ↘	$\Omega_{14}:$ ↗ $\overline{\Omega}_{14}:$ ↘
φ	↗	↗	↗	↗	↗	$\Omega_{13}:$ ↗ $\overline{\Omega}_{13}:$ ↘	$\Omega_{15}:$ ↗ $\overline{\Omega}_{15}:$ ↘

注:"↗"表示递增;"↘"表示递减。

资料来源:笔者绘制。

令模型MX中所有参数所能取值的集合为Λ_1,集合$\Lambda_1=\left\{(c,\ k,\ \delta,\ \varphi)\ |\ 0<c<1,\right.$

$$0<k<\delta<1,\ 0<\varphi<1-\frac{(\delta-k)\left[\sqrt{8+(\delta-k)^2}-\delta+k\right]}{4}\right\}$$。集合 Ω 和集合 $\overline{\Omega}$ 互为补集，即

$$\overline{\Omega}=\Lambda_1-\Omega。集合\ \Omega_{11}=\left\{(c\in\Lambda_1,\ k\in\Lambda_1,\ \varphi\in\Lambda_1,\ \delta)\ \middle|\ 0<\delta\leqslant\frac{1}{\sqrt{3}}\right\}$$

$$\cup\left\{(c\in\Lambda_1,\ k\in\Lambda_1,\ \delta,\ \varphi)\ \middle|\ \frac{1}{\sqrt{2}}\leqslant\delta<1,\ 0<\varphi<1+\delta k-\delta^2\right\}\cup\left\{(c\in\Lambda_1,\ \varphi\in\Lambda_1,\ k,\ \delta)\right.$$

$$\left.\middle|\ \frac{3\delta^2-1}{\delta}<k<\delta,\ \frac{1}{\sqrt{3}}<\delta<\frac{1}{\sqrt{2}}\right\}\cup\left\{(c\in\Lambda_1,\ k,\ \delta,\ \varphi)\ \middle|\ 0<k\leqslant\frac{3\delta^2-1}{\delta},\ \frac{1}{\sqrt{3}}<\delta<\frac{1}{\sqrt{2}},\ 0<\varphi<\right.$$

$$\left.1+\delta k-\delta^2\right\}；集合\ \Omega_{12}=\left\{(c\in\Lambda_1,\ k\in\Lambda_1,\ \delta\in\Lambda_1,\ \varphi)\ \middle|\ 0<\varphi<\right.$$

$$\left.\frac{12+(\delta-k)^2-\sqrt{16+\left[24+(\delta-k)^2\right](\delta-k)^2}}{16}\right\}；集合\ \Omega_{13}=\left\{(c\in\Lambda_1,\ k\in\Lambda_1,\ \delta\in\Lambda_1,\ \varphi)\right.$$

$$\left.\middle|\ 0<\varphi<\frac{(\delta-k)^2}{8}\right\}；集合\ \Omega_{14}=\left\{(c\in\Lambda_1,\ k\in\Lambda_1,\ \delta\in\Lambda_1,\ \varphi)\ \middle|\ 0<\varphi<\right.$$

$$\left.\frac{5-\sqrt{1+3(\delta-k)^2}}{6}\right\}；集合\ \Omega_{15}=\left\{(c\in\Lambda_1,\ k\in\Lambda_1,\ \delta\in\Lambda_1,\ \varphi)\ \middle|\ 0<\varphi<\frac{1}{3}\right\}。$$

推论 4.1 的证明过程较为简单，此处省略。

推论 4.1 表明，产品单位生产成本逐渐提高，模型 MX 情形下绿色产品创新努力的投入、产品需求、制造商利润、零售商利润及供应链总利润均在降低，制造商与零售商出于减少损失的考虑不得不提高批发价格和零售价格。然而，产品的零售价格在消费者对绿色度偏好较强、分担比例较高的情形下会随着单位生产成本的增加而降低。这是由于单位生产成本的升高使得制造商为降低成本而选择一个较低的绿色产品创新努力，即使成本分担比例较高，但相较于大幅度降低绿色产品创新努力而言，零售商所分担制造商的创新成本反而也会降低。高单位成本使得制造商绿色产品创新投入的减少进一步影响市场需求的降低，面对低迷的市场需求，在消费者对绿色产品的绿色度较为敏感时，零售商为了获取这部分消费者的购买力反而会采取降低零售价格的策略以获取利润。

当绿色产品创新产生额外单位成本的影响因子升高时，制造商会减少对绿色

产品创新的投入，并导致市场需求的降低。有趣的是，被产品低绿色度与低迷市场制约，制造商会设置一个较低的批发价格，进一步地，零售商也会选择一个较低的零售价格策略。低绿色产品创新水平、低批发价格与低需求量使得制造商的利润逐渐降低，当分担比例处于较低水平时，零售商的利润与总利润也逐渐降低。然而，当分担比例处于较高水平时，零售商的利润与总利润随绿色产品创新额外单位生产成本的影响因子的升高而增加。这是由于绿色产品创新额外单位生产成本的影响因子对制造商绿色产品创新的影响较强，当投入绿色产品创新会带来更高的额外单位生产成本时，制造商会降低绿色产品创新努力。相较于成本分担比例较低的情形，绿色产品创新努力的大幅降低使得零售商在分担比例较高的情形时所分担的创新成本反而更低。即使市场需求和零售价格也在降低，但其降低幅度远远低于绿色产品创新努力所带来的成本的降低幅度，因此，零售商的利润反而会有小幅度升高，并进一步使总利润小幅度升高。

随着消费者对绿色产品绿色度敏感程度的提高，制造商对绿色产品创新努力的投入、产品的批发价格与零售价格、产品需求及制造商利润都在增加。这意味着消费群体对产品绿色度敏感程度越高，则其购买绿色产品的意愿就越强烈，因此该产品需求会增加。制造商与零售商在观测到消费者偏好时，会增加对绿色产品创新的投入，以提高产品的绿色度水平；同时，决策者也会选择较高的价格策略以谋求利润。当分担比例处于较低水平时，零售商得益于高绿色产品创新、高市场需求及承担了较低的创新成本，则其利润与供应链总利润都会因为消费者对环境保护意愿的提高而增加。然而，在分担比例处于较高水平时，零售商利润与总利润反而随着消费者敏感程度的增强而降低。这是由于，高的成本分担比例使零售商承担了较高的创新成本，面对不断升高的批发价格，即使零售价格也在升高，零售商销售产品的利润也不足以抵消所分担的创新成本，因此其利润水平与供应链总利润将逐渐降低。

在创新成本分担比例升高时，零售商会承担更多的绿色产品创新成本，因此制造商会加大对绿色产品创新的投入力度，进一步影响市场需求增加，制造商与零售商将设置较高的批发价格与零售价格以获取收益。得益于创新成本的降低与批发价格的上涨，制造商收益水平将因分担比例的提高而提高。在分担比例处于较低水平时，零售商利润受市场需求增加与零售价格升高的影响而逐渐增加，供应链总利润也逐渐增加。然而，当分担比例处于较高水平时，零售商利润由于高的创新成本与高批发价格的影响反而逐渐降低，供应链总利润也随之降低。

二、零售商为绿色产品创新策略的决策者情形（模型 RX）

本小节考虑了在成本分担比例为外生变量时，零售商作为绿色产品创新策略决策者的情形，记为模型 RX。模型 RX 的博弈顺序如下：

（1）零售商决定绿色产品创新努力 x^{RX}。

（2）制造商根据零售商设定的绿色产品创新努力以投入绿色产品创新，进一步决定该绿色产品的批发价格 ω^{RX}。

（3）零售商决定绿色产品的零售价格 p^{RX}。

在本章中，定义 π_m^{RX} 表示制造商的利润，其表达式为：

$$\pi_m^{RX} = (\omega - c - kx)D - \frac{1}{2}(1-\varphi)x^2 \tag{4-20}$$

定义 π_r^{RX} 表示零售商的利润，其表达式为：

$$\pi_r^{RX} = (p-\omega)D - \frac{1}{2}\varphi x^2 \tag{4-21}$$

对式（4-21）求解关于 p 的一阶导数，可得：

$$\frac{\partial \pi_r^{RX}}{\partial p} = 1 - 2p + \delta x + \omega \tag{4-22}$$

进一步求解式（4-21）关于 p 的二阶导数，可得 $\frac{\partial^2 \pi_r^{RX}}{\partial p^2} = -2 < 0$，则零售商关于 p 有唯一最优均衡解。令式（4-22）等于 0，可得：

$$p^{RX} = \frac{1}{2}(1 + \omega + \delta x) \tag{4-23}$$

将式（4-23）代入式（4-20）得到制造商的利润函数为：

$$\pi_m^{RX} = \frac{1}{2}(\omega - c - kx)(1 - \omega + \delta x) - \frac{1}{2}(1-\varphi)x^2 \tag{4-24}$$

对式（4-24）求解关于 ω 的一阶导数，可得：

$$\frac{\partial \pi_m^{RX}}{\partial \omega} = \frac{1}{2}[1 - 2\omega + c + (k+\delta)x] \tag{4-25}$$

通过对式（4-24）求解关于 ω 的二阶导数，可得 $\dfrac{\partial^2 \pi_m^{RX}}{\partial \omega^2}=-1<0$，则制造商关于 ω 有唯一最优均衡解。令式（4-25）等于 0，可得：

$$\omega^{RX}=\frac{1}{2}\left[1+c+(\delta+k)x\right] \tag{4-26}$$

将式（4-23）、式（4-26）代入式（4-21）得零售商的利润函数为：

$$\pi_r^{RX}=\frac{1}{16}\left[1-c+(\delta+k)x\right]^2-\frac{1}{2}\varphi x^2 \tag{4-27}$$

对式（4-27）求解关于 x 的一阶导数，可得：

$$\frac{\partial \pi_r^{RX}}{\partial x}=\frac{1}{8}(1-c)(\delta-k)+\left[\frac{1}{8}(\delta-k)^2-\varphi\right]x \tag{4-28}$$

进一步求解式（4-27）关于 x 的二阶导数，可得 $\dfrac{\partial^2 \pi_r^{RX}}{\partial x^2}=\dfrac{1}{8}(\delta-k)^2-\varphi$，需满足条件 $\dfrac{1}{8}(\delta-k)^2-\varphi<0$，即 $\dfrac{1}{8}(\delta-k)^2<\varphi$，则零售商关于 x 有唯一最优均衡解。因此，结合已知条件 $0<\varphi<1$，进一步假设条件 $\dfrac{1}{8}(\delta-k)^2<\varphi<1$ 成立，通过令式（4-28）等于 0，可求解得到最优绿色产品创新 x^{RX*}，将 x^{RX*} 代入式（4-23）、式（4-24）、式（4-26）和式（4-27），可求解得到制造商与零售商的最优策略和利润，总结于命题 4.2。

命题 4.2 在模型 RX 情形下，为保证模型所涉及的策略、需求与利润都为正，则在参数满足 $0<c<1$，$0<k<\delta<1$ 且 $\dfrac{1}{32}\left\{(\delta-k)\left[\sqrt{64+(\delta-k)^2}-\delta+k\right]\right\}<\varphi<1$ 时，制造商最优的批发价格、零售商最优的绿色产品创新努力和零售价格、产品需求、制造商利润、零售商利润及供应链总利润依次为：

$$\omega^{RX*}=\frac{4\varphi(1+c)+(\delta-k)(k-\delta c)}{8\varphi-(\delta-k)^2} \tag{4-29}$$

$$x^{RX*}=\frac{(1-c)(\delta-k)}{8\varphi-(\delta-k)^2} \tag{4-30}$$

$$p^{RX*}=\frac{2\varphi(3+c)+(\delta-k)(k-\delta c)}{8\varphi-(\delta-k)^2} \tag{4-31}$$

$$D^{RX*} = \frac{2\varphi(1-c)}{8\varphi - (\delta-k)^2} \qquad (4\text{-}32)$$

$$\pi_m^{RX*} = \frac{(1-c)^2\left[16\varphi^2 - (1-\varphi)(\delta-k)^2\right]}{2\left[8\varphi - (\delta-k)^2\right]^2} \qquad (4\text{-}33)$$

$$\pi_r^{RX*} = \frac{\varphi(1-c)^2}{2\left[8\varphi - (\delta-k)^2\right]} \qquad (4\text{-}34)$$

$$\prod{}^{RX*} = \frac{(1-c)^2\left[24\varphi^2 - (\delta-k)^2\right]}{2\left[8\varphi - (\delta-k)^2\right]^2} \qquad (4\text{-}35)$$

命题 4.2 给出了模型 RX 情形下的均衡解析解，从上述均衡解可以看出，供应链成员的最优决策与利润都与消费者对绿色产品绿色度的敏感因子 δ、单位生产成本 c、绿色产品创新产生额外单位成本的影响系数 k，以及成本分担比例 φ 相关。为了进一步理解消费者对绿色产品绿色度的敏感因子、单位生产成本、绿色产品创新产生额外单位成本系数与成本分担比例对供应链成员最优决策与利润的影响，由命题 4.2 可得出推论 4.2。

推论 4.2　在模型 RX 情形下，在参数满足 $0<c<1$，$0<k<\delta<1$ 且 $\frac{1}{32}\{(\delta-k)\left[\sqrt{64+(\delta-k)^2}-\delta+k\right]\}<\varphi<1$ 时，单位生产成本、绿色产品创新额外单位成本影响系数、消费者对绿色产品绿色度的敏感因子与成本分担比例的变化对绿色产品创新努力、批发价格、零售价格、产品需求、利润的影响如表 4-3 所示。

表 4-3　模型 RX 情形中参数对均衡解的影响

影响因素	x^{RX*}	ω^{RX*}	p^{RX*}	D^{RX*}	π_m^{RX*}	π_r^{RX*}	$\prod^{RX*}$
c	↘	Ω_{21}: ↗ $\overline{\Omega}_{21}$: ↘	Ω_{22}: ↗ $\overline{\Omega}_{22}$: ↘	↘	↘	↘	↘
k	↘	↘	↘	↘	Ω_{23}: ↗ $\overline{\Omega}_{23}$: ↘	↘	Ω_{25}: ↗ $\overline{\Omega}_{25}$: ↘
δ	↗	↗	↗	↗	$\overline{\Omega}_{23}$: ↗ Ω_{23}: ↘	↗	$\overline{\Omega}_{25}$: ↗ Ω_{25}: ↘
φ	↘	↘	↘	↘	Ω_{24}: ↗ $\overline{\Omega}_{24}$: ↘	↘	Ω_{26}: ↗ $\overline{\Omega}_{26}$: ↘

注："↗"表示递增；"↘"表示递减。

令模型 RX 中所有参数所能取值的集合为 Λ_2，集合 $\Lambda_2 = \{(c,\ k,\ \delta,\ \varphi)\ |\ 0<c<1,$ $0<k<\delta<1,\ \frac{1}{32}\{(\delta-k)[\sqrt{64+(\delta-k)^2}-\delta+k]\}<\varphi<1\}$。集合 Ω 和集合 $\overline{\Omega}$ 互为补集，即 $\overline{\Omega}=$ $\Lambda_2-\Omega$。集合 $\Omega_{21}=\Big\{(c\in\Lambda_2,\ k\in\Lambda_2,\ \varphi\in\Lambda_2,\ \delta)\ \Big|\ 0<\delta\leqslant\frac{2}{\sqrt{5}}\Big\}\cup\Big\{(c\in\Lambda_2,\ \varphi\in\Lambda_2,\ k,$ $\delta)\ \Big|\ \frac{5\delta^2-4}{\delta}<k<\delta,\ \frac{2}{\sqrt{5}}<\delta<1\Big\}\cup\Big\{(c\in\Lambda_2,\ k,\ \delta,\ \varphi)\ \Big|\ 0<k\leqslant\frac{5\delta^2-4}{\delta},\ \frac{2}{\sqrt{5}}<\delta<1,\ \frac{\delta^2-\delta k}{4}<$ $\varphi<1\Big\}$；集合 $\Omega_{22}=\Big\{(c\in\Lambda_2,\ k\in\Lambda_2,\ \delta,\ \varphi)\ \Big|\ \frac{1}{2}\leqslant\delta<1,\ \frac{\delta^2-\delta k}{2}<\varphi<1\Big\}\cup\Big\{(c\in\Lambda_2,$ $k\in\Lambda_2,\ \varphi\in\Lambda_2,\ \delta)\ \Big|\ \delta\leqslant\frac{\sqrt{2}}{3}\Big\}\cup\Big\{(c\in\Lambda_2,\ \varphi\in\Lambda_2,\ k,\ \delta)\ \Big|\ \frac{9\delta^2-2}{\delta}<k<\delta,\ \frac{\sqrt{2}}{3}<\delta<\frac{1}{2}\Big\}\cup$ $\Big\{(c\in\Lambda_2,\ k,\ \delta,\ \varphi)\ \Big|\ 0<k\leqslant\frac{9\delta^2-2}{\delta},\ \frac{\sqrt{2}}{3}<\delta<\frac{1}{2},\ \frac{\delta^2-\delta k}{2}<\varphi<1\Big\}$；集合 $\Omega_{23}=\Big\{(c\in\Lambda_2,$ $k\in\Lambda_2,\ \delta\in\Lambda_2,\ \varphi\in\Lambda_2)\ \Big|\ \varphi<\frac{8+\sqrt{64+[144+(\delta-k)^2](\delta-k)^2}-(\delta-k)^2}{80}\Big\}$；集合 $\Omega_{24}=\Big\{(c\in\Lambda_2,\ k\in\Lambda_2,\ \delta\in\Lambda_2,\ \varphi\in\Lambda_2)\ \Big|\ \varphi<\frac{16-(\delta-k)^2}{40}\Big\}$；集合 $\Omega_{25}=\Big\{(c\in\Lambda_2,$ $k\in\Lambda_2,\ \delta\in\Lambda_2,\ \varphi\in\Lambda_2)\ \Big|\ \varphi<\frac{1+\sqrt{1+3(\delta-k)^2}}{12}\Big\}$；集合 $\Omega_{26}=\Big\{(c\in\Lambda_2,\ k\in\Lambda_2,$ $\delta\in\Lambda_2,\ \varphi\in\Lambda_2)\ \Big|\ \varphi<\frac{1}{3}\Big\}$。

推论 4.2 的证明过程较为简单，此处省略。

推论 4.2 说明，在零售商作为绿色产品创新策略决策者的模型 RX 情形下，随着产品单位生产成本的增加，零售商会选择较低的绿色产品创新努力策略，以降低成本增加对价格上涨的负面影响。产品绿色度的降低使市场需求下降，制造商和零售商由于低需求和高成本的影响，进一步导致两者的利润及供应链总利润都降低。在绿色产品创新额外单位生产成本的影响因子较高、消费者对绿色度偏好较高时，制造商与零售商会选择提高批发价格与零售价格以减少单位成本对收益降低的负面影响。然而，在绿色产品创新额外单位生产成本的影响因子较低、成本分担比例较低的情形下，批发价格和零售价格会随着单位生产成本的增加而降低。这是因为，在分担比例较低时，制造商承担了大部分绿色产品创新的成本，绿色产品创新额外单位生产成本的影响因子低意味着额外单位生产成本较低，制造商会小幅度地降低批发价格来获取利润以抵消创新成本。面对降低的批发价格以及低迷的市场需求，零售商也会小幅度地降低零售价格以销售产品。

绿色产品创新产生额外单位成本的影响因子越高，则表示制造商生产一单位绿色产品将支付更高的成本。特别地，产品的绿色度越高，在绿色产品创新额外单位成本影响因子高的情形下，产生的额外单位成本就越高。因此，为了避免面临升高的批发价格，零售商会宣布一较低的绿色产品创新策略。低的绿色产品创新投入将降低该产品的绿色度，进一步导致市场需求的降低。受产品低绿色度与低市场需求的制约，制造商会选择一个较低的批发价格策略，零售商也会设置一个较低的零售价格。低绿色度、低零售价格与低需求使得零售商的利润变化呈下降趋势。在成本分担比例处于较高水平时，虽然零售商为制造商负担了绝大部分绿色产品创新所投入的成本，但是仍然不足以抵消更低的绿色度、批发价格与需求量对制造商收益造成的负面影响，即制造商利润与总利润会随着额外单位成本影响因子的升高而逐渐降低。然而，当分担比例处于较低水平时，制造商利润与总利润随额外单位成本的影响因子的升高而升高。由于绿色产品创新策略受额外单位成本影响因子的影响较大，所以当投入过高的绿色产品创新会带来更高的生产成本与批发价格时，零售商将选择较低的绿色产品创新投入水平。虽然在分担比例较低时，制造商将要承担大部分的创新成本，然而绿色产品创新的降低使得创新成本也大幅度降低，因此制造商的利润反而会有小幅度的提高，并进一步使供应链总利润小幅度升高。

当消费者对绿色产品的绿色度越敏感时，零售商越发会加大对绿色产品创新的投入，同时，产品的批发价格与零售价格也会越高，零售商得益于高零售价格与高需求，获得的利润也越高。在分担比例处于较高水平时，零售商将为制造商承担更多的创新成本，制造商得益于高产品需求、高批发价格及低创新成本，其利润及总利润都会随着消费者对绿色产品的青睐而增加。然而，当分担比例处于较低水平时，制造商承担了大部分创新成本，虽然高批发价格与高需求使制造商获得了利润，但零售商选择的高绿色产品创新策略使得制造商将承担更高的创新成本，其得到的利润不足以抵消更高的创新成本，因此制造商利润及供应链总利润将逐步降低。

零售商会因为创新成本分担比例升高而分担更高的绿色产品创新成本，因此在分担比例逐渐增加时，零售商为了避免承担较高的创新成本会选择较低的绿色产品创新努力策略。较低的绿色产品创新努力策略使得产品的绿色度降低，进一步导致市场需求量下降，制造商和零售商不得不设置较低的批发价格和零售价格。与高绿色产品创新为零售商带来的利润相比，在分担比例逐渐增大时，零售商为了避免承担高创新成本宁愿选择低的绿色产品创新策略，由此可见，高绿色产品创新产生创新成本的比重要高于高绿色产品创新产生收益的比重。随着分担比例的提高，零售商分担的创新成本逐渐增加，低的零售价格与低需求量使得销售收益逐渐降低，降低的销售利润与升高的创新成本使得零售商利润逐渐下降。在分担比例处于较高水平时，随着分担比例的增加，降低的批发利润使得制造商利润及总利润也逐渐下降。然而，在分担比例处于较低水平时，虽然制造商要承担大部分创新成本，但绿色产品创新投入的降低使得创新成本下降，批发利润的降幅低于创新成本的降幅，因此制造商利润会有小幅度升高，并进一步使供应链总利润也出现小幅度升高。

三、模型 MX 与模型 RX 关于均衡策略的比较与分析

本部分比较与分析了模型 MX 情形与模型 RX 情形的均衡策略与成员利润，以进一步得出不同成员作为绿色产品创新策略的决策者会如何影响绿色产品创新策略，创新成本分担契约又会如何影响不同成员制定绿色产品创新策略，以及在外生成本分担比例处于不同水平时，不同成员作为决策者会如何影响价格策略与收益情形的结论。本部分通过比较模型 MX 情形与模型 RX 情形的绿色产品创新策略、批发价格、零售价格、产品需求、制造商利润、零售商利润以及整个供应链的总利润，结合外生创新成本分担比例与其他影响因素，进一步得到命题 4.3 至命题 4.6。

命题 4.3 在参数满足 $0<c<1$，$0<k<\delta<1$ 且 $\dfrac{(\delta-k)\left[\sqrt{64+(\delta-k)^2}-\delta+k\right]}{32}<\varphi<1-$

$\dfrac{(\delta-k)\left[\sqrt{8+(\delta-k)^2}-\delta+k\right]}{4}$ 时，绿色产品创新努力在模型 MX 情形与模型 RX 情形下的大小关系为：

（1）若 $\dfrac{(\delta-k)\left[\sqrt{64+(\delta-k)^2}-\delta+k\right]}{32}<\varphi<\dfrac{1}{3}$，则 $x^{MX*}<x^{RX*}$。

（2）若 $\dfrac{1}{3}<\varphi<1-\dfrac{(\delta-k)\left[\sqrt{8+(\delta-k)^2}-\delta+k\right]}{4}$，则 $x^{MX*}>x^{RX*}$。

证明：将模型 MX 情形与模型 RX 情形下的绿色产品创新努力相减可得

$$x^{MX*}-x^{RX*}=\dfrac{-4(1-c)(\delta-k)(1-3\varphi)}{\left[4(1-\varphi)-(\delta-k)^2\right]\left[8\varphi-(\delta-k)^2\right]}$$

如果 $-(1-3\varphi)<0$，则 $x^{MX*}<x^{RX*}$；如果 $-(1-3\varphi)>0$，则 $x^{MX*}>x^{RX*}$。

命题 4.3 证毕。

命题 4.3 说明，制造商作为决策者与零售商作为决策者这两种情形下所宣布的绿色产品创新努力策略的水平高低是受外生变量创新成本分担比例影响的。在成本分担比例处于较低水平时，零售商主导的绿色产品创新努力策略要高于制造商主导的绿色产品创新努力策略。在成本分担比例处于较高水平时，制造商宣布的绿色产品创新努力策略要高于零售商宣布的绿色产品创新努力策略。产生上述现象的原因是，在分担比例处于较低水平时，制造商承担的绿色产品创新成本比零售商承担的创新成本要高，因此相较制造商制定创新策略的情形，在零售商主导创新策略的情形下零售商会宣布较高的绿色产品创新努力策略。同理，在分担比例处于较高水平时，零售商要承担大部分创新成本，因此制造商制定的绿色产品创新努力策略比零售商主导的创新策略水平要高。总体来说，在承担绿色产品创新成本少的一方作为决定创新策略的主导者时，其将制定高水平的绿色产品创新努力策略。

命题 4.4　在参数满足 $0<c<1$，$0<k<\delta<1$ 且 $\dfrac{(\delta-k)\left[\sqrt{64+(\delta-k)^2}-\delta+k\right]}{32}<\varphi<1-$

$\dfrac{(\delta-k)\left[\sqrt{8+(\delta-k)^2}-\delta+k\right]}{4}$ 时，批发价格、零售价格与产品需求在模型 MX 情形与模型 RX 情形下的大小关系为：

（1）若 $\dfrac{(\delta-k)\left[\sqrt{64+(\delta-k)^2}-\delta+k\right]}{32}<\varphi<\dfrac{1}{3}$，则 $\omega^{MX*}<\omega^{RX*}$，$p^{MX*}<p^{RX*}$，

$D^{MX*}<D^{RX*}$。

（2）若 $\dfrac{1}{3}<\varphi<1-\dfrac{(\delta-k)\left[\sqrt{8+(\delta-k)^2}-\delta+k\right]}{4}$，则 $\omega^{MX*}>\omega^{RX*}$，$p^{MX*}>p^{RX*}$，$D^{MX*}>D^{RX*}$。

证明：将模型 MX 情形与模型 RX 情形下的批发价格、零售价格与产品需求相减可得

$$\omega^{MX*}-\omega^{RX*}=\frac{-2(1-c)(\delta^2-k^2)(1-3\varphi)}{\left[4(1-\varphi)-(\delta-k)^2\right]\left[8\varphi-(\delta-k)^2\right]}$$

$$p^{MX*}-p^{RX*}=\frac{-(1-c)(\delta-k)(3\delta+k)(1-3\varphi)}{\left[4(1-\varphi)-(\delta-k)^2\right]\left[8\varphi-(\delta-k)^2\right]}$$

$$D^{MX*}-D^{RX*}=\frac{-(1-c)(\delta-k)^2(1-3\varphi)}{\left[4(1-\varphi)-(\delta-k)^2\right]\left[8\varphi-(\delta-k)^2\right]}$$

如果 $-(1-3\varphi)<0$，则 $\omega^{MX*}<\omega^{RX*}$，$p^{MX*}<p^{RX*}$，$D^{MX*}<D^{RX*}$；如果 $-(1-3\varphi)>0$，则 $\omega^{MX*}>\omega^{RX*}$，$p^{MX*}>p^{RX*}$，$D^{MX*}>D^{RX*}$。

命题 4.4 证毕。

命题 4.4 表明，在成本分担比例处于较低水平时，模型 RX 情形下的批发价格、零售价格与市场需求都要优于模型 MX 情形。当分担比例处于较高水平时，模型 MX 情形下的价格策略与产品需求比模型 RX 情形更具有优势。绿色产品创新努力策略水平较高，该产品绿色度就越高，高绿色度将吸引更多具有环保意识的消费者，则市场需求量就高，因此产品需求量的高低与绿色产品创新努力策略的高低水平保持一致。

在分担比例处于较低水平时，由于零售商负担的创新成本较少，则在零售商作为创新策略决策者的情形下会选择设置较高水平的绿色产品创新努力策略，承担创新成本较多的制造商会选择一个较高的批发价格策略以制约零售商设置过高水平的创新策略，零售商不得不设置较高的零售价格以谋求利润。因此，相较制造商作为决策者的情形，零售商决定创新策略情形下的批发价格与零售价格会更高。相反，在分担比例处于较高水平时，零售商承担了大部分的创新成本，制造商则会宣布较高水平的绿色产品创新努力策略与较高的批发价格策略，零售商会选择设置一个高的零售价格策略以抵消成本过高导致的亏损。制造商作为决策者

的情形会比零售商决定创新策略情形下有更高的批发价格与零售价格。

命题 4.5　在参数满足 $0<c<1$，$0<k<\delta<1$ 且 $\dfrac{(\delta-k)\left[\sqrt{64+(\delta-k)^2}-\delta+k\right]}{32}<\varphi<1-$

$\dfrac{(\delta-k)\left[\sqrt{8+(\delta-k)^2}-\delta+k\right]}{4}$ 时，制造商利润与零售商利润在模型 MX 情形与模型

RX 情形下的大小关系为：若 $\dfrac{(\delta-k)\left[\sqrt{64+(\delta-k)^2}-\delta+k\right]}{32}<\varphi<\dfrac{1}{3}$ 或 $\dfrac{1}{3}<\varphi<1-$

$\dfrac{(\delta-k)\left[\sqrt{8+(\delta-k)^2}-\delta+k\right]}{4}$，则 $\pi_m^{MX*}>\pi_m^{RX*}$，$\pi_r^{MX*}<\pi_r^{RX*}$。

证明：将模型 MX 情形与模型 RX 情形下的制造商利润、零售商利润相减可得：

$$\pi_m^{MX*}-\pi_m^{RX*}=\frac{2(1-c)^2(\delta-k)^2(1-3\varphi)^2}{\left[4(1-\varphi)-(\delta-k)^2\right]\left[8\varphi-(\delta-k)^2\right]^2}$$

$$\pi_r^{MX*}-\pi_r^{RX*}=\frac{-(1-c)^2(\delta-k)^2(1-3\varphi)^2}{\left[4(1-\varphi)-(\delta-k)^2\right]^2\left[8\varphi-(\delta-k)^2\right]}$$

如果 $\varphi\neq\dfrac{1}{3}$，则 $\pi_m^{MX*}>\pi_m^{RX*}$，$\pi_r^{MX*}<\pi_r^{RX*}$。

命题 4.5 证毕。

命题 4.5 说明模型 MX 情形与模型 RX 情形下供应链成员的利润相比较时，只要成本分担比例取值不为 $\dfrac{1}{3}$，那么无论分担比例取值是多少，在制造商作为绿色产品创新努力策略决策者情形下，制造商的利润一直占据优势；相反，在零售商作为绿色产品创新努力策略主导者情形下，零售商的利润一直占据优势。这意味着，作为创新策略决策者的一方在利润方面更具有优势，即制造商与零售商均倾向于选择绿色产品创新策略以实现自身利润最大化。

在成本分担比例较低时，零售商由于分担较低的创新成本，其会选择高水平的创新策略，得益于高需求与高零售价格，零售商会获得比制造商作为决策者情形下更高的利润。然而，在制造商承担了大部分创新成本的前提下，虽然制造商会设定较高的批发价格以制约零售商决定高水平的创新策略，但是高的批发价格给制造商带来的批发利润不足以与其负担的创新成本相抵消，因此制造商的利润

在零售商拥有决策权的情形下反而低于制造商作为决策者的情形。

当成本分担比例较高时，得益于高创新、高需求及高批发价格的制造商在其作为决策者的情形下会获得更高的利润。由于承担了大部分的创新成本，即使零售商在制造商作为决策者的情形下设定更高的零售价格，但零售利润仍然不足以抵消创新成本，因此零售商的利润在制造商作为决策者的情形下要低于其作为决策者的情形。

命题 4.6 在参数满足 $0<c<1$，$0<k<\delta<1$ 且 $\dfrac{(\delta-k)\left[\sqrt{64+(\delta-k)^2}-\delta+k\right]}{32}<\varphi<1-$

$\dfrac{(\delta-k)\left[\sqrt{8+(\delta-k)^2}-\delta+k\right]}{4}$ 时，整个供应链的总利润在模型 MX 情形与模型 RX 情

形下的大小关系为：

（1）若 $\dfrac{(\delta-k)\left[\sqrt{64+(\delta-k)^2}-\delta+k\right]}{32}<\varphi<\dfrac{1}{3}$ 或 $\dfrac{1}{3}<\varphi<\dfrac{8-(\delta-k)^2}{16}$，则

$\prod^{MX*}>\prod^{RX*}$。

（2）若 $\dfrac{8-(\delta-k)^2}{16}<\varphi<1-\dfrac{(\delta-k)\left[\sqrt{8+(\delta-k)^2}-\delta+k\right]}{4}$，则 $\prod^{MX*}<\prod^{RX*}$。

证明：将模型 MX 情形与模型 RX 情形下的供应链总利润相减可得：

$$\prod^{MX*}-\prod^{RX*}=\frac{-(1-c)^2(\delta-k)^2(1-3\varphi)^2\left[-8+(\delta-k)^2+16\varphi\right]}{\left[4(1-\varphi)-(\delta-k)^2\right]^2\left[8\varphi-(\delta-k)^2\right]^2}$$

如果 $-(1-3\varphi)^2\left[-8+(\delta-k)^2+16\varphi\right]>0$，则 $\prod^{MX*}>\prod^{RX*}$；如果 $-(1-3\varphi)^2\left[-8+(\delta-k)^2+16\varphi\right]<0$，则 $\prod^{MX*}<\prod^{RX*}$。

命题 4.6 证毕。

命题 4.6 表明供应链总利润在不同情形下的大小关系受外生变量成本分担比例的影响，不同于命题 4.5，在分担比例处于较低或中等水平时，总利润在 MX 情形下要高于 RX 情形，这是由于制造商作为决策者会选择较低水平的绿色产品创新努力策略，则整个供应链将承担较低的创新成本，低的创新成本令整个供应链总收益升高。同理，在分担比例处于较高水平时，总利润在 RX 情形下要高于 MX 情形。

图 4-1 表明了在 MX 情形与 RX 情形下整个供应链成员的利润随外生分担比例变化的情况，其中参数的取值为：$c=0.3$，$k=0.1$，$\delta=0.3$，$\varphi\in(0,1)$。从

图 4-1 可以看出，在分担比例处于较低水平时，MX 情形与 RX 情形中制造商的利润差距、供应链总利润差距较大，而零售商利润差距较小；在分担比例处于高水平时，MX 情形与 RX 情形中零售商利润差距、供应链总利润差距较大，而制造商利润差距较小。由命题 4.5 可知，制造商与零售商会更偏好自身作为绿色产品创新努力策略主导者的情形，这意味着无论分担比例处于什么水平，制造商与零售商均不会选择对方作为创新策略的主导者。在选择使所有成员都受益的模式（MX 情形或 RX 情形）时，制造商与零售商很难达成一致。因此，可借助利润转让合同以实现制造商与零售商之间的利润重新分配，使得双方对模式的选择趋于一致。在分担比例处于低水平时，在 MX 情形下供应链总利润较高，可令制造商让利 P_1（$\prod_r^{RX} - \prod_r^{MX} < P_1 < \prod_m^{MX} - \prod_m^{RX}$）给零售商，使零售商在 MX 情形下可以获得比 RX 情形更高的利润，以促进零售商选择 MX 模式使得双方选择趋于一致。反而，在分担比例处于高水平时，在 RX 情形下总利润较高，则可令零售商让利 P_2（$\prod_m^{MX} - \prod_m^{RX} < P_2 < \prod_r^{RX} - \prod_r^{MX}$）给制造商，以促进双方共同选择 RX 模式。总体来说，通过利润转让合同的设置，如果由承担创新成本比例高的一方作为绿色产品创新的决策者，则可以使全部成员以至整个供应链都获益。

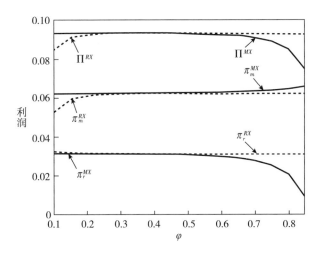

图 4-1 供应链成员的利润及总利润在 MX 与 RX 情形下随 φ 变化的情况

资料来源：笔者绘制。

第四节　讨价还价分担比例的成本分担契约

上一节分析了外生成本分担比例对成员均衡策略的影响，然而，如果成本分担契约是由供应链成员事先制定的，则需要考虑由成员协商分担比例的情形。本节采用经典的纳什谈判模型，考虑了绿色产品创新成本分担比例为内生变量，即分担比例由制造商与零售商以讨价还价的方式共同决策，研究了制造商与零售商分别作为决策者以制定绿色产品创新策略的情形下，有关绿色产品创新努力策略与定价策略的选择问题，并进一步分析了不同成员的议价能力及其对绿色产品创新策略的决策权将如何影响供应链成员的策略选择与收益问题。

一、制造商为绿色产品创新策略的决策者情形（模型 MXB）

在这一部分内容中分析了成本分担比例为制造商与零售商以讨价还价方式共同决策时，制造商作为决策者来制定绿色产品创新策略的情形，记为模型 MXB。模型 MXB 的博弈顺序如下：

（1）制造商与零售商以讨价还价方式共同决定成本分担比例 φ^{MXB}。

（2）制造商决定绿色产品创新努力 x^{MXB} 与批发价格 ω^{MXB}。

（3）零售商在观测到制造商的创新策略与批发价格策略之后，决定该绿色产品的零售价格 p^{MXB}。

在本章中，定义 π_m^{MXB} 表示制造商的利润，由式（4-17）可得在共同决定成本分担比例之前制造商利润的表达式为：

$$\pi_m^{MXB} = \frac{(1-c)^2(1-\varphi)}{2[4(1-\varphi)-(\delta-k)^2]} \tag{4-36}$$

由式（4-18）可得在共同决策成本分担比例之前零售商利润的表达式为：

$$\pi_r^{MXB} = \frac{(1-c)^2[2(1-\varphi)^2-\varphi(\delta-k)^2]}{2[4(1-\varphi)-(\delta-k)^2]^2} \tag{4-37}$$

由经典的纳什谈判模型可知，制造商与零售商以讨价还价的方式共同决定分担比例是求解以下问题：

$$\max_{\varphi^{MXB}} \pi^{MXB} = (\pi_m^{MXB})^{1-\theta} \cdot (\pi_r^{MXB})^{\theta} \tag{4-38}$$

其中，参数 $\theta \in (0, 1)$ 表示零售商的议价能力，$(1-\theta)$ 表示制造商的议价能力。

对式（4-38）求解关于 φ^{MXB} 的一阶导数，可得：

$$\frac{\partial \pi^{MXB}}{\partial \varphi^{MXB}} = (\pi_m^{MXB})^{-\theta} \cdot (\pi_r^{MXB})^{\theta-1} \cdot \left[\theta \cdot \pi_m^{MXB} \cdot \frac{\partial \pi_r^{MXB}}{\partial \varphi^{MXB}} + (1-\theta) \cdot \pi_r^{MXB} \cdot \frac{\partial \pi_m^{MXB}}{\partial \varphi^{MXB}} \right]$$

$$\tag{4-39}$$

将式（4-36）与式（4-37）代入式（4-39），并令其等于 0 求解 φ^{MXB}，可得：

$$\varphi^{MXB*} = \frac{4 + 4\theta + (\delta-k)^2 - \Delta_1}{4(1+3\theta)} \tag{4-40}$$

其中，$\Delta_1 = \sqrt{64\theta^2 + [8 + (\delta-k)^2 - 24\theta^2](\delta-k)^2}$。

将式（4-40）代入式（4-13）至式（4-19），可得模型 MXB 情形下制造商与零售商的最优控制策略与利润，总结于命题4.7。

命题 4.7　在模型 MXB 情形下，为保证模型所涉及的策略、需求与利润都为正，则在参数满足 $0<c<1$，$0<k<\delta<1$ 且 $0<\theta<1$ 时，制造商最优的绿色产品创新努力和批发价格、零售商最优的零售价格、产品需求、制造商利润、零售商利润及供应链总利润依次为：

$$x^{MXB*} = \frac{(1-c)(\delta-k)(1+3\theta)}{8\theta - (\delta-k)^2(2+3\theta) + \Delta_1} \tag{4-41}$$

$$\omega^{MXB*} = \frac{(1+c)[8\theta - (\delta-k)^2 + \Delta_1 + 4\delta k(1+3\theta)] - 2(\delta+k)(k+\delta c)(1+3\theta)}{2[8\theta - (\delta-k)^2(2+3\theta) + \Delta_1]} \tag{4-42}$$

$$p^{MXB*} = \frac{(3+c)[8\theta - (\delta-k)^2 + \Delta_1] + 4(\delta-k)(k-\delta c)(1+3\theta)}{4[8\theta - (\delta-k)^2(2+3\theta) + \Delta_1]} \tag{4-43}$$

$$D^{MXB*} = \frac{(1-c)[8\theta - (\delta-k)^2 + \Delta_1]}{4[8\theta - (\delta-k)^2(2+3\theta) + \Delta_1]} \tag{4-44}$$

$$\pi_m^{MXB*} = \frac{(1-c)^2[8\theta - (\delta-k)^2 + \Delta_1]}{8[8\theta - (\delta-k)^2(2+3\theta) + \Delta_1]} \tag{4-45}$$

$$\pi_r^{MXB*} = \frac{(1-c)^2\left\{\left[8\theta-(\delta-k)^2+\Delta_1\right]^2-2(\delta-k)^2(1+3\theta)\left[4+4\theta+(\delta-k)^2-\Delta_1\right]\right\}}{16\left[8\theta-(\delta-k)^2(2+3\theta)+\Delta_1\right]^2}$$

$$(4-46)$$

$$\prod{}^{MXB*} = \frac{(1-c)^2\left\{3\left[8\theta-(\delta-k)^2+\Delta_1\right]^2-8(\delta-k)^2(1+3\theta)^2\right\}}{16\left[8\theta-(\delta-k)^2(2+3\theta)+\Delta_1\right]^2}$$

$$(4-47)$$

命题 4.7 给出了模型 MXB 情形下的均衡解，从上述解析解可以看出，供应链成员的决策变量与利润都与消费者对绿色产品绿色度的敏感因子 δ、单位生产成本 c、绿色产品创新产生额外单位生产成本的影响系数 k，以及零售商的议价能力 θ 相关。为了进一步分析这些因素对供应链成员最优决策的影响，由命题 4.7 可得出推论 4.3。

推论4.3 在模型 MXB 情形下，在参数满足 $0<c<1$，$0<k<\delta<1$ 且 $0<\theta<1$ 时，单位生产成本、绿色产品创新产生额外单位成本影响系数、消费者对绿色产品绿色度的敏感因子与议价能力的变化对成本分担比例、绿色产品创新努力、批发价格、零售价格、产品需求、利润的影响如表 4-4 所示。

表4-4 模型 MXB 情形中参数对均衡解的影响

影响因素	φ^{MXB*}	x^{MXB*}	ω^{MXB*}	p^{MXB*}	D^{MXB*}	π_m^{MXB*}	π_r^{MXB*}	$\prod{}^{MXB*}$
c	╲	↘	↗	Ω_{32}: ↗ $\overline{\Omega}_{32}$: ↘	↘	↘	↘	↘
k	Ω_{31}: ↗ $\overline{\Omega}_{31}$: ↘	↘	?	?	↘	↘	Ω_{33}: ↗ $\overline{\Omega}_{33}$: ↘	Ω_{34}: ↗ $\overline{\Omega}_{34}$: ↘
δ	$\overline{\Omega}_{31}$: ↗ Ω_{31}: ↘	↗	↗	↗	↗	↗	$\overline{\Omega}_{33}$: ↗ Ω_{33}: ↘	$\overline{\Omega}_{34}$: ↗ Ω_{34}: ↘
θ	↘	↘	↘	↘	↘	↘	↗	Ω_{31}: ↗ $\overline{\Omega}_{31}$: ↘

注："↗"表示递增；"↘"表示递减；"?"表示不确定。

资料来源：笔者绘制。

令模型 MXB 中所有参数所能取值的集合为 Λ_3，集合 $\Lambda_3=\left\{(c,\ k,\ \delta,\ \theta)\ \middle|\ 0<\right.$

$c<1$，$0<k<\delta<1$，$0<\theta<1\}$。集合 Ω 和集合 $\overline{\Omega}$ 互为补集，即 $\overline{\Omega}=\Lambda_3-\Omega$。集合 $\Omega_{31}=$

$\left\{(c\in\Lambda_3,\ k\in\Lambda_3,\ \delta\in\Lambda_3,\ \theta)\ \middle|\ 0<\theta<\dfrac{1}{3}\right\}$；集合 $\Omega_{32}=\left\{(c\in\Lambda_3,\ k\in\Lambda_3,\ \theta\in\Lambda_3,\ \delta)\right.$

$\left.\middle|\ \dfrac{3\delta^2-1}{\delta}\le k,\ \dfrac{1}{\sqrt{3}}<\delta<\dfrac{1}{\sqrt{2}}\right\}\cup\left\{(c\in\Lambda_3,\ k\in\Lambda_3,\ \theta\in\Lambda_3,\ \delta)\ \middle|\ 0<\delta\le\dfrac{1}{\sqrt{3}}\right\}\cup\left\{(c\in\Lambda_3,\ k\in\right.$

$\left.\Lambda_3,\ \delta,\ \theta)\ \middle|\ 5\delta-2\sqrt{2+4\delta^2}<k,\ \dfrac{2\sqrt{2}}{3}<\delta<1,\ \dfrac{-(\delta-k)\left[1+\delta(k-3\delta)\right]}{k+7\delta+6k\delta^2-6\delta^3}<\theta<1\right\}\cup\left\{(c\in\Lambda_3,\right.$

$\left.k\in\Lambda_3,\ \delta,\ \theta)\ \middle|\ \dfrac{1}{\sqrt{2}}\le\delta\le\dfrac{2\sqrt{2}}{3},\ \dfrac{-(\delta-k)\left[1+\delta(k-3\delta)\right]}{k+7\delta+6k\delta^2-6\delta^3}<\theta<1\right\}\cup\left\{(c\in\Lambda_3,\ k,\ \delta,\ \theta)\right.$

$\left.\middle|\ 0<k<\dfrac{3\delta^2-1}{\delta},\ \dfrac{1}{\sqrt{3}}<\delta<\dfrac{1}{\sqrt{2}},\ \dfrac{-(\delta-k)\left[1+\delta(k-3\delta)\right]}{k+7\delta+6k\delta^2-6\delta^3}<\theta<1\right\}$；集合 $\Omega_{33}=\left\{(c\in\Lambda_3,\ k\in\Lambda_3,\right.$

$\left.\delta,\ \theta)\ \middle|\ 0<k<\dfrac{7-2\sqrt{56\sqrt{2}-70}}{7},\ k<\delta<\delta_1,\ 0<\theta<\dfrac{(\delta-k)^2\left[80+7(\delta-k)^2\right]-64}{3(\delta-k)^2\left[48+(\delta-k)^2\right]-320}\right\}\cup\left\{(c\in\Lambda_3,\right.$

$\left.k\in\Lambda_3,\ \delta\in\Lambda_3,\ \theta)\ \middle|\ \dfrac{7-2\sqrt{56\sqrt{2}-70}}{7}\le k,\ 0<\theta<\dfrac{(\delta-k)^2\left[80+7(\delta-k)^2\right]-64}{3(\delta-k)^2\left[48+(\delta-k)^2\right]-320}\right\}$；集合

$\Omega_{34}=\left\{(c\in\Lambda_3,\ k\in\Lambda_3,\ \delta,\ \theta)\ \middle|\ 0<k<\dfrac{k_1}{3},\ k<\delta<\delta_2,\ \theta_1<\theta<\theta_2\right\}\cup\left\{(c\in\Lambda_3,\ k\in\right.$

$\left.\Lambda_3,\ \delta\in\Lambda_3,\ \theta)\ \middle|\ \dfrac{k_1}{3}\le k,\ \theta_1<\theta<\theta_2\right\}$。其中，$k_1=-Root\left[k^8+24k^7+348k^6+3240k^5+\right.$

$20550k^4+88488k^3+189532k^2+57624k-191871,\ 3\right]$；$\delta_1=Root\left[7\delta^4-28k\delta^3+(80+\right.$

$42k^2)\delta^2-(160+28k^2)k\delta+7k^4+80k^2-64,\ 2\right]$；$\delta_2=Root\left[729\delta^8-5832k\delta^7+(7776+\right.$

$20412k^2)\delta^6-(46656+40824k^2)k\delta^5+(17280+116640k^2+51030k^4)\delta^4-(69120+155520k^2+$

$40824k^4)k\delta^3+(-51200+103680k^2+116640k^4+20412k^6)\delta^2+(102400-69120k^2-46656k^4-$

$5832k^6)k\delta+729k^8+7776k^6+17280k^4-51200k^2+4096,\ 3\right]$；$\theta_1=Root\left[(-576+288k^2-\right.$

$576k\delta+288\delta^2)\theta^3+(64-144k^2+288k\delta-144\delta^2)\theta^2+(-16k^2-9k^4+32k^3+36k^3\delta-16\delta^2-$

$54k^2\delta^2+36k\delta^3-9\delta^4)\theta+k^4-4k^3\delta+6k^2\delta^2-4k\delta^3+\delta^4,\ 2\right]$；$\theta_2=Root\left[(-576+288k^2-\right.$

$576k\delta+288\delta^2)\theta^3+(64-144k^2+288k\delta-144\delta^2)\theta^2+(-16k^2-9k^4+32k^3+36k^3\delta-16\delta^2-$

$54k^2\delta^2+36k\delta^3-9\delta^4)\theta+k^4-4k^3\delta+6k^2\delta^2-4k\delta^3+\delta^4,\ 3\right]$。

推论 4.3 的证明过程较为简单，此处省略。

推论 4.3 说明，模型 MXB 情形中绿色产品创新努力策略、产品需求、制造商利润、零售商利润与总利润都随着产品单位生产成本的增加而减少，单位生产成本的增加使得制造商会选择一个较高的批发价格策略，并且在零售商的议价能力处于偏高水平时，零售商也会选择设置一个偏高的零售价格策略。然而，在零售商议价能力处于较低水平时，零售价格会随着单位生产成本的增加而降低。由于在零售商议价能力较低时，承担大部分创新成本的零售商面对较低的创新努力策略与市场需求，会制定较低的零售价格以获得盈利。

绿色产品创新产生额外单位成本的影响因子越高意味着制造商要承担更多的单位成本，制造商出于减少成本的目的将设置较低的绿色产品创新努力水平，低绿色度的产品导致产品市场需求降低，并进一步导致制造商利润降低。有趣的是，成本分担比例随额外单位成本影响因子的变化在不同情形下有不同的趋势。当零售商议价能力处于较低水平时，制造商承担的单位生产成本越多，拥有较大话语权的制造商会让零售商为其承担更多的创新成本，即分担比例随额外单位成本影响因子的增加而增加，虽然零售商承担成本的比例较大，但由于制造商减少创新投入使得创新成本大幅度降低，因此零售商收益会小幅度地增加。当零售商拥有较高的议价能力时，额外单位成本影响因子的增加使制造商减少对绿色产品创新的投入，低绿色度的产品不能为零售商带来利润，即零售商会选择少分担创新成本。对于整个供应链而言，低水平的创新策略与低迷的市场使得整个供应链的利润呈下降趋势，但由于批发价格与零售价格的设置，使得总利润在某些情形中也会出现小幅升高。

消费者对绿色产品绿色度的关注度越高意味着消费者将选择绿色度更高的产品，因此制造商会加大对绿色产品创新努力策略的投入水平，产品需求的升高令制造商与零售商都会设置较高水平的价格策略以谋取利益。分担比例在零售商议价能力较高时会随敏感因子的提高而提高，这是由于消费者对绿色产品敏感度的提高为零售商带来了更为广阔的市场，零售商会选择分担更高的创新成本使得制造商投入较高水平的创新努力以提高其产品绿色度，从而形成良性循环，制造商与零售商均能因此而获得收益。然而，当拥有产品绿色度决策权的制造商掌握了主动权，在零售商议价能力较低时，话语权较大的制造商将让零售商承担较低比例的创新成本，并通过设置高批发价格以制约零售商从批发贸易中获益。虽然分担比例有小幅度降低，但制造商投入创新努力的增幅较大，即产生的创新成本增加，高批发价格与高创新成本使得零售商利润降低。

零售商议价能力增强使得零售商分担更少的创新成本，承担大部分创新成本的制造商会降低创新努力的投入，低的产品绿色度降低了该产品的市场需求，制造商与零售商均选择设置较低的价格策略，制造商收益因此而减少，而零售商由于承担较少的创新成本，其利润会小幅升高。然而，整个供应链利润会随着零售商议价能力的增强先升后降，这是由于创新努力的降幅较大、创新成本降幅较大、价格的降幅较小，总利润会有小幅升高。随着创新努力与价格的进一步降低，总利润会逐渐降低。

二、零售商为绿色产品创新策略的决策者情形（模型 RXB）

本部分考虑了在制造商与零售商共同决策成本分担比例的前提下，零售商作为主导者来制定绿色产品创新策略的情形，记为模型 RXB。模型 RXB 的博弈顺序如下：

（1）制造商与零售商以讨价还价方式共同决定成本分担比例 φ^{RXB}。

（2）零售商决定绿色产品创新努力 x^{RXB}。

（3）制造商根据零售商决定的绿色产品创新努力以生产绿色产品，进一步决定该产品的批发价格 ω^{RXB}。

（4）零售商决定该绿色产品的零售价格 p^{RXB}。

在本章中，定义 π_m^{RXB} 表示制造商的利润，由式（4-33）可得在共同决定成本分担比例之前制造商利润的表达式为：

$$\pi_m^{RXB} = \frac{(1-c)^2 \left[16\varphi^2 - (1-\varphi)(\delta-k)^2 \right]}{2 \left[8\varphi - (\delta-k)^2 \right]^2} \tag{4-48}$$

由式（4-34）可得在共同决定成本分担比例之前零售商利润的表达式为：

$$\pi_r^{RXB} = \frac{\varphi (1-c)^2}{2 \left[8\varphi - (\delta-k)^2 \right]} \tag{4-49}$$

由经典的纳什谈判模型可知，制造商与零售商以讨价还价的方式共同决定分担比例是求解以下问题：

$$\max_{\varphi^{RXB}} \pi^{RXB} = \left(\pi_m^{RXB} \right)^{1-\theta} \cdot \left(\pi_r^{RXB} \right)^{\theta} \tag{4-50}$$

对式（4-51）求解关于 φ^{RXB} 的一阶导数，可得：

$$\frac{\partial \pi^{RXB}}{\partial \varphi^{RXB}} = (\pi_m^{RXB})^{-\theta} \cdot (\pi_r^{RXB})^{\theta-1} \cdot \left[\theta \cdot \pi_m^{RXB} \cdot \frac{\partial \pi_r^{RXB}}{\partial \varphi^{RXB}} + (1-\theta) \cdot \pi_r^{RXB} \cdot \frac{\partial \pi_m^{RXB}}{\partial \varphi^{RXB}}\right]$$

$$\tag{4-51}$$

将式（4-48）与式（4-49）代入式（4-51），并令其等于 0 求解 φ^{RXB}，可得：

$$\varphi^{RXB*} = \frac{16(1-\theta) - (\delta-k)^2 + \Delta_2}{16(5-3\theta)} \tag{4-52}$$

其中，$\Delta_2 = \sqrt{[16(1-\theta)-(\delta-k)^2]^2 + 32\theta(5-3\theta)(\delta-k)^2}$。

将式（4-52）代入式（4-29）至式（4-35），可得模型 RXB 情形下制造商与零售商的最优控制策略与利润，总结于命题4.8。

命题4.8 在模型 RXB 情形下，为保证模型所涉及的策略、需求与利润都为正，则在参数满足 $0<c<1$，$0<k<\delta<1$ 且 $0<\theta<1$ 时，制造商最优的批发价格、零售商最优的绿色产品创新努力和零售价格、产品需求、制造商利润、零售商利润及供应链总利润依次为：

$$\omega^{RXB*} = \frac{(1+c)[16(1-\theta)-(\delta-k)^2+\Delta_2]+4(\delta-k)(k-\delta c)(5-3\theta)}{2[16(1-\theta)-(11-6\theta)(\delta-k)^2+\Delta_2]} \tag{4-53}$$

$$x^{RXB*} = \frac{2(1-c)(\delta-k)(5-3\theta)}{16(1-\theta)-(11-6\theta)(\delta-k)^2+\Delta_2} \tag{4-54}$$

$$p^{RXB*} = \frac{(3+c)[16(1-\theta)-(\delta-k)^2+\Delta_2]+8(\delta-k)(k-\delta c)(5-3\theta)}{4[16(1-\theta)-(11-6\theta)(\delta-k)^2+\Delta_2]} \tag{4-55}$$

$$D^{RXB*} = \frac{(1-c)[16(1-\theta)-(\delta-k)^2+\Delta_2]}{4[16(1-\theta)-(11-6\theta)(\delta-k)^2+\Delta_2]} \tag{4-56}$$

$$\pi_m^{RXB*} = \frac{(1-c)^2\{[16(1-\theta)-(\delta-k)^2+\Delta_2]^2-(5-3\theta)[32(2-\theta)+(\delta-k)^2-\Delta_2](\delta-k)^2\}}{8[16(1-\theta)-(11-6\theta)(\delta-k)^2+\Delta_2]^2}$$

$$\tag{4-57}$$

$$\pi_r^{RXB*} = \frac{(1-c)^2[16(1-\theta)-(\delta-k)^2+\Delta_2]}{16[16(1-\theta)-(11-6\theta)(\delta-k)^2+\Delta_2]} \tag{4-58}$$

$$\Pi^{RXB*} = \frac{(1-c)^2\{3[16(1-\theta)-(\delta-k)^2+\Delta_2]^2-32(5-3\theta)^2(\delta-k)^2\}}{16[16(1-\theta)-(11-6\theta)(\delta-k)^2+\Delta_2]^2} \tag{4-59}$$

命题 4.8 给出了模型 RXB 情形下的均衡解析解，从上述均衡解可以看出，供应链成员的决策变量与利润都与消费者对绿色产品绿色度的敏感因子 δ、单位生产成本 c、绿色产品创新产生额外单位生产成本的影响系数 k，以及零售商的议价能力 θ 相关。为了进一步分析这些因素对供应链成员最优决策的影响，由命题 4.8 可得出推论 4.4。

推论 4.4　在模型 RXB 情形下，在参数满足 $0<c<1$，$0<k<\delta<1$ 且 $0<\theta<1$ 时，单位生产成本、绿色产品创新产生额外单位成本影响系数、消费者对绿色产品绿色度的敏感因子与议价能力的变化对成本分担比例、绿色产品创新努力、批发价格、零售价格、产品需求、利润的影响如表 4-5 所示。

表 4-5　模型 RXB 情形中参数对均衡解的影响

影响因素	φ^{RXB*}	x^{RXB*}	ω^{RXB*}	p^{RXB*}	D^{RXB*}	π_m^{RXB*}	π_r^{RXB*}	$\prod^{RXB*}$
c	╲	↘	Ω_{42}: ↗	Ω_{43}: ↗	↘	↘	↘	↘
			$\overline{\Omega}_{42}$: ↘	$\overline{\Omega}_{43}$: ↘				
k	Ω_{41}: ↗	↘	?	?	↘	Ω_{44}: ↗	↘	Ω_{45}: ↗
	$\overline{\Omega}_{41}$: ↘					$\overline{\Omega}_{44}$: ↘		$\overline{\Omega}_{45}$: ↘
δ	$\overline{\Omega}_{41}$: ↗	↗	↗	↗	↗	Ω_{44}: ↗	↗	$\overline{\Omega}_{45}$: ↗
	Ω_{41}: ↗					Ω_{44}: ↗		Ω_{45}: ↗
θ	↘	↗	↗	↗	↗	↘	↗	Ω_{41}: ↗
								$\overline{\Omega}_{41}$: ↘

注：“↗”表示递增；“↘”表示递减；“?”表示不确定。

资料来源：笔者绘制。

令模型 RXB 中所有参数所能取值的集合为 Λ_4，集合 $\Lambda_4 = \left\{ (c,\ k,\ \delta,\ \theta) \,\middle|\, 0<c<1,\ 0<k<\delta<1,\ 0<\theta<1 \right\}$。集合 Ω 和集合 $\overline{\Omega}$ 互为补集，即 $\overline{\Omega} = \Lambda_4 - \Omega$。集合 $\Omega_{41} = \left\{ (c\in\Lambda_4,\ k\in\Lambda_4,\ \delta\in\Lambda_4,\ \theta) \,\middle|\, 0<\theta<\dfrac{1}{3} \right\}$；集合 $\Omega_{42} = \left\{ (c\in\Lambda_4,\ k\in\Lambda_4,\ \theta\in\Lambda_4,\ \delta) \,\middle|\, 0<\delta\leq\dfrac{2}{\sqrt{5}} \right\} \cup \left\{ (c\in\Lambda_4,\ k\in\Lambda_4,\ \theta\in\Lambda_4,\ \delta) \,\middle|\, \dfrac{5\delta^2-4}{\delta}\leq k,\ \dfrac{2}{\sqrt{5}}<\delta<1 \right\} \cup$

$$\left\{(c\in\Lambda_4,\ k,\ \delta,\ \theta)\ \middle|\ 0<k<\frac{5\delta^2-4}{\delta},\ \frac{2}{\sqrt5}<\delta<1,\ 0<\theta<\frac{\delta[16-(11\delta-k)(\delta-k)]}{k(4+6\delta^2)+6\delta(2-\delta^2)}\right\};\ 集$$

$$合\ \Omega_{43}=\left\{(c\in\Lambda_4,\ k\in\Lambda_4,\ \delta,\ \theta)\ \middle|\ \frac12<\delta\le\frac{4}{\sqrt{21}},\ 0<\theta<\frac{\delta[16-(21\delta-k)(\delta-k)]}{2(k+7\delta+6k\delta^2-6\delta^3)}\right\}\cup$$

$$\left\{(c\in\Lambda_4,\ k,\ \delta,\ \theta)\ \middle|\ 0<k<\frac{9\delta^2-2}{\delta},\ \frac{\sqrt2}{3}<\delta\le\frac12,\ 0<\theta<\frac{\delta[16-(21\delta-k)(\delta-k)]}{2(k+7\delta+6k\delta^2-6\delta^3)}\right\}\cup$$

$$\left\{(c\in\Lambda_4,\ k\in\Lambda_4,\ \theta\in\Lambda_4,\ \delta)\ \middle|\ 0<\delta\le\frac{\sqrt2}{3}\right\}\cup\left\{(c\in\Lambda_4,\ \theta\in\Lambda_4,\ k,\ \delta)\ \middle|\ \frac{9\delta^2-2}{\delta}\le\right.$$

$$\left. k<\delta,\ \frac{\sqrt2}{3}<\delta\right\}\cup\left\{(c\in\Lambda_4,\ k,\ \delta,\ \theta)\ \middle|\ 11\delta-2\sqrt{4+25\delta^2}<k<\delta,\ \frac{4}{\sqrt{21}}<\delta<1,\ 0<\theta<\right.$$

$$\left.\frac{\delta[16-(21\delta-k)(\delta-k)]}{2(k+7\delta+6k\delta^2-6\delta^3)}\right\};\ 集合\ \Omega_{44}=\left\{(c\in\Lambda_4,\ k\in\Lambda_4,\ \delta,\ \theta)\ \middle|\ 0<k<k_2,\ \delta<\delta_3,\right.$$

$$\left.\frac{5[16-(\delta-k)^2]^2}{1792-3[288+(\delta-k)^2](\delta-k)^2}<\theta<1\right\}\cup\left\{(c\in\Lambda_4,\ k\in\Lambda_4,\ \delta\in\Lambda_4,\ \theta)\ \middle|\ k_2\le k,\right.$$

$$\left.\frac{5[16-(\delta-k)^2]^2}{1792-3[288+(\delta-k)^2](\delta-k)^2}<\theta<1\right\};\ 集合\ \Omega_{45}=\left\{(c\in\Lambda_4,\ k\in\Lambda_4,\ \delta,\ \theta)\ \middle|\ 0<k<\right.$$

$$\left.\frac{k_3}{3},\ \delta<\delta_4,\ \theta_3<\theta<\theta_4\right\}\cup\left\{(c\in\Lambda_4,\ k\in\Lambda_4,\ \delta\in\Lambda_4,\ \theta)\ \middle|\ \frac{k_3}{3}\le k,\ \theta_3<\theta<\theta_4\right\}。\ 其中，$$

$k_2=-Root[k^4+4k^3+94k^2+108k+25,\ 2]$；$k_3=-Root[k^8+24k^7+1068k^6+16200k^5+317046k^4+2868840k^3+9043084k^2+5931960k-3891375,\ 3]$；$\delta_3=Root[\delta^4-4k\delta^3+(88+6k^2)\delta^2-(176+4k^2)k\delta+k^4+88k^2-64,\ 2]$；$\delta_4=Root[729\delta^8-5832k\delta^7+(66096+20412k^2)\delta^6-(396576+40824k^2)k\delta^5+(1810944+991440k^2+51030k^4)\delta^4-(7243776+1321920k^2+40824k^4)k\delta^3+(-2834432+10865664k^2+991440k^4+20412k^6)\delta^2+(5668864-7243776k^2-396576k^4-5832k^6)k\delta+729k^8+66096k^6+1810944k^4-2834432k^2+524288,\ 3]$；$\theta_3=Root[(-2304+1152k^2-2304k\delta+1152\delta^2)\theta^3+(6400-2592k^2+5184k\delta-2592\delta^2)\theta^2+(-5888+1664k^2-9k^4-3328k\delta+36k^3\delta+1664\delta^2-54k^2\delta^2+36k\delta^3-9\delta^4)\theta+7\delta^4-28k\delta^3+42k^2\delta^2-224\delta^2-28k^3\delta+448k\delta+7k^4-224k^2+1792,\ 1]$；$\theta_4=Root[(-2304+1152k^2-2304k\delta+1152\delta^2)\theta^3+(6400-2592k^2+5184k\delta-2592\delta^2)\theta^2+(-5888+1664k^2-9k^4-3328k\delta+36k^3\delta+1664\delta^2-54k^2\delta^2+36k\delta^3-9\delta^4)\theta+7\delta^4-28k\delta^3+$

$42k^2\delta^2-224\delta^2-28k^3\delta+448k\delta+7k^4-224k^2+1792,\ 2\big]$。

推论 4.4 的证明过程较为简单，此处省略。

推论 4.4 说明，模型 RXB 情形下零售商决定的绿色产品创新策略、产品需求、制造商与零售商的利润及渠道总利润都随单位生产成本的提高而降低。有趣的是，与推论 4.3 不同，批发价格策略随单位生产成本的变化在不同情况下有不同的趋势。在零售商议价能力处于较高水平时，零售商会选择让制造商承担大部分创新成本，面对创新努力与需求的下降及增长的单位生产成本，制造商出于自保会选择降低批发价格以尽可能获得利益，此时零售商也将降低零售价格以获取利润。

随着绿色产品创新产生额外单位成本的影响因子越高，零售商为了避免制造商设置过高的批发价格因此会降低创新投入，进一步降低市场需求，导致零售商收益受到损失。与推论 4.3 得出的结果相似，成本分担比例随额外单位成本影响因子的变化呈不同趋势，在零售商话语权较低时，承担大部分创新成本的零售商会降低创新投入，制造商利润也因此而受损。相反，零售商话语权较高时会承担小部分创新成本，而承担大部分创新成本的制造商因创新投入的大幅降低，致使其承担的创新成本大幅减少，因此制造商收益会有小幅度的升高。

消费者对绿色度的敏感程度增强，零售商会选择更高的绿色产品创新努力策略，市场需求、价格策略与零售商利润随着绿色度的提高而增加。与推论 4.3 得出的结果相似，分担比例在不同情形中随敏感因子的变化不同，当零售商话语权较高时，制造商会选择用批发价格策略以制约零售商不能设置过高的绿色产品创新投入，零售商会选择多承担一些创新成本，然而创新投入已经处于较高水平，制造商利润因创新成本的大幅增加而受损。零售商议价能力较低时，承担较少创新成本的制造商会选择让零售商少分担创新成本，以采用提高批发价格的策略制约零售商不要选择过高的绿色产品创新努力策略并从批发贸易中获利。

随着零售商议价能力的提高，承担更少比例创新成本的零售商会提高对绿色产品创新的投入，产品需求、批发价格、零售价格与零售商利润也会因此升高，制造商由于承担绝大部分的创新成本而导致利润降低。供应链总利润随着零售商议价能力的增强先增加后下降，先增加是由于创新投入加大，后下降是由于过高的创新成本。

三、模型 MXB 与模型 RXB 关于均衡策略的比较与分析

在这一部分内容中，将模型 MXB 情形与模型 RXB 情形的均衡策略与成员利润进行比较与分析，以进一步得出在制造商与零售商以讨价还价方式决策成本分担比例的情形下，不同成员作为绿色产品创新策略的决策者会如何影响绿色产品创新策略的选择，成本分担契约又会如何影响成员对绿色产品创新策略的选择，以及拥有不同议价能力的成员作为决策者会如何影响价格策略与收益情形的结论。本部分通过比较模型 MXB 情形与模型 RXB 情形的成本分担比例、绿色产品创新努力策略、批发价格、零售价格、产品需求、制造商利润、零售商利润及整个供应链的总利润，结合成员议价能力的大小与其他影响因素，进一步得到命题 4.9、命题 4.10、命题 4.11。

命题 4.9 在参数满足 $0<c<1$，$0<k<\delta<1$ 且 $0<\theta<1$ 时，成本分担比例在模型 MXB 情形与模型 RXB 情形下的大小关系为：

(1) 若 $\frac{1}{3}<\theta<1$，则 $\varphi^{MXB*}<\varphi^{RXB*}$。

(2) 若 $0<\theta<\frac{1}{3}$，则 $\varphi^{MXB*}>\varphi^{RXB*}$。

命题 4.9 的证明过程较为简单，此处省略。

从命题 4.9 可以看出，成本分担比例在模型 MXB 与模型 RXB 中的大小受到议价能力的影响，分担比例随议价能力变化的情况如图 4-2 所示，图 4-2 中参数的取值为：$k=0.1$，$\delta=0.3$，$\theta\in(0,1)$。当零售商议价能力处于较高水平时，相较制造商主导的情形，由零售商决策绿色产品创新策略可以更好地控制创新成本的大小，并且零售商要避免制造商设置过高的批发价格策略，因此零售商会选择承担更高比例的创新成本。当制造商议价能力处于高水平时，在 MXB 情形中制造商作为创新策略的主导者可以更加灵活地调节创新策略与创新成本，制造商更倾向由零售商负担大部分的创新成本。在 RXB 情形中，制造商为了使用批发价格策略制衡零售商，更倾向自身承担大部分创新成本。

命题 4.10 在参数满足 $0<c<1$，$0<k<\delta<1$ 且 $0<\theta<1$ 时，绿色产品创新努力、批发价格、零售价格与产品需求在模型 MXB 情形与模型 RXB 情形下的大小关系为：

（1）若 $\frac{1}{3}<\theta<1$，则 $x^{MXB*}<x^{RXB*}$，$\omega^{MXB*}<\omega^{RXB*}$，$p^{MXB*}<p^{RXB*}$，$D^{MXB*}<D^{RXB*}$。

（2）若 $0<\theta<\frac{1}{3}$，则 $x^{MXB*}>x^{RXB*}$，$\omega^{MXB*}>\omega^{RXB*}$，$p^{MXB*}>p^{RXB*}$，$D^{MXB*}>D^{RXB*}$。

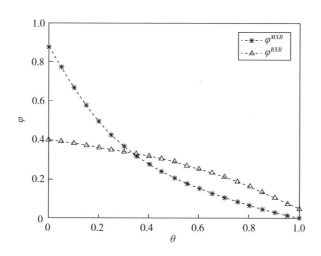

图 4-2　成本分担比例在 MXB 情形与 RXB 情形中随 θ 变化的情况

资料来源：笔者绘制。

命题 4.10 的证明过程较为简单，此处省略。

命题 4.10 说明，在零售商话语权较大时，零售商主导创新策略情形中的绿色产品创新努力、批发价格、零售价格及产品需求都优于制造商主导情形中的策略。反之，在制造商话语权较大时，制造商主导情形中的绿色产品创新努力、批发价格、零售价格与产品需求最优。结合命题 4.9 可得，拥有话语权较大且分担创新成本较低的成员作为创新策略决策者的情形有最优的绿色产品创新策略、价格策略与市场需求。这是由于，零售商议价能力大时，在 RXB 情形中，零售商出于对批发价格、创新策略的考虑会主动承担较多创新成本的比例，以设置较高水平的创新策略，而制造商仅能通过提高批发价格的手段保证自身收益。当制造商议价能力大时，在 MXB 情形中，制造商拥有创新策略的决策权，因此其会选择使零售商承担更多的创新成本，以用创新策略与批发价格策略制衡零售商。从上述结论可知，拥有决策权与议价能力的成员在绿色产品创新策略与价格策略中都占据优势。此外，批发价格可以作为制造商自保及制衡零售商谋利的手段。

命题 4.11 在参数满足 $0<c<1$，$0<k<\delta<1$ 且 $0<\theta<1$ 时，制造商利润与零售商利润在模型 MXB 情形与模型 RXB 情形下的大小关系为：

(1) 若 $0<\theta<\dfrac{1}{3}$，则 $\pi_m^{MXB*}>\pi_m^{RXB*}$，$\pi_r^{MXB*}<\pi_r^{RXB*}$。

(2) 若 $\dfrac{1}{3}<\theta<\theta_{11}$，则 $\pi_m^{MXB*}<\pi_m^{RXB*}$，$\pi_r^{MXB*}>\pi_r^{RXB*}$。

(3) 若 $\theta_{11}<\theta<\theta_{12}$，则 $\pi_m^{MXB*}>\pi_m^{RXB*}$，$\pi_r^{MXB*}>\pi_r^{RXB*}$。

(4) 若 $\theta_{12}<\theta<1$，则 $\pi_m^{MXB*}>\pi_m^{RXB*}$，$\pi_r^{MXB*}<\pi_r^{RXB*}$。

其中，$\theta_{11}=Root\big[\,(-3072+1128k^2+9k^4-2256k\delta-36k^3\delta+1128\delta^2+54k^2\delta^2-36k\delta^3+9\delta^4)\theta^3+(6144-2184k^2-45k^4+4368k\delta+180k^3\delta-2184\delta^2-270k^2\delta^2+180k\delta^3-45\delta^4)\theta^2+(5120+920k^2+35k^4-1840k\delta-140k^3\delta+920\delta^2+210k^2\delta^2-140k\delta^3+35\delta^4)\theta-4096-376k^2+17k^4+752k\delta-68k^3\delta-376\delta^2+102k^2\delta^2-68k\delta^3+17\delta^4,\ 2\big]$，$\theta_{12}=Root\big[\,(-1536+552k^2+9k^4-1104k\delta-36k^3\delta+552\delta^2+54k^2\delta^2-36k\delta^3+9\delta^4)\theta^3+(3072-1032k^2-45k^4+2064k\delta+180k^3\delta-1032\delta^2-270k^2\delta^2+180k\delta^3-45\delta^4)\theta^2+(512+280k^2+47k^4-560k\delta-188k^3\delta+280\delta^2+282k^2\delta^2-188k\delta^3+47\delta^4)\theta-1024-56k^2+5k^4+112k\delta-20k^3\delta-56\delta^2+30k^2\delta^2-20k\delta^3+5\delta^4,\ 2\big]$。

命题 4.11 的证明过程较为简单，此处省略。

命题 4.11 说明，不同情形中制造商利润与零售商利润的大小与议价能力的大小相关。从（1）中可以看出，在零售商议价能力低时，制造商利润在 MXB 情形下最优，零售商利润在 RXB 情形下最优。在 MXB 情形中，零售商分担创新成本的比例大，则制造商投入的创新努力水平高，即制造商获得收益高，而零售商获得收益低。在 RXB 情形中，虽然零售商分担成本的比例大，但零售商投入的创新努力水平低，因此零售商利润高，而制造商利润低。总体来说，在零售商议价能力处于低水平时，掌握绿色产品创新策略决策权的成员在利润方面要优于在对方主导情形下的利润。

从（2）中可以看出，在零售商议价能力处于较低水平时，制造商在 RXB 情形下会有最优利润，零售商利润在 MXB 情形下占优。这是由于，相较于 RXB 情形，在 MXB 情形中的分担比例与创新策略水平都较低，零售商承担创新成本低，制造商承担成本高且低创新投入不能给制造商创造利润，即制造商利润低。在

RXB 情形中分担比例与创新投入都较高，制造商承担成本低且创新投入高，即制造商利润高，零售商承担成本高故其利润低。

从（3）中可以看出，在零售商议价能力处于较高水平时，制造商与零售商在 MXB 情形中有双赢的结局，即两者的利润在 MXB 情形下都占优，如图 4-3 所示。图 4-3 是讨价还价分担比例情形下，制造商与零售商双赢的区域图，其中参数的取值为 $k=0.1$，$\delta=0.3$，$\theta\in(0.5,0.6)$。通过交点 θ_{11} 与 θ_{12} 满足的解析式可以看出，交点的数值与参数 k 和 δ 密不可分。

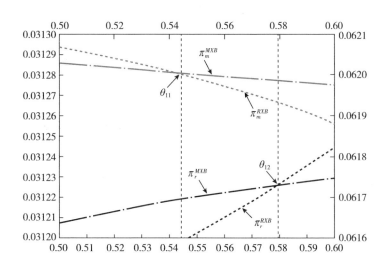

图 4-3　制造商与零售商双赢区域的交点

资料来源：笔者绘制。

双赢区域出现的原因在于，相较于 MXB 情形，在 RXB 情形中的创新投入较高，制造商承担创新成本的比重较大且创新成本较高故其利润低，而零售商承担创新成本的比重较小，但创新投入增幅较大，使零售商承担的创新成本也在上升，在高创新成本与较高批发价格的双重作用下，零售商利润受损。这里得出一个有趣的结论，在零售商议价能力处于较高水平时，高水平的绿色产品创新策略反而不会让制造商与零售商出现双赢的结局，因为投入高水平的创新策略会产生高的创新成本与高的额外单位生产成本。

从（4）中可以看出，零售商议价能力处于高水平时，制造商与零售商分别在各自作为创新策略决策者情形下有最优利润。相较于 RXB 情形，在 MXB 情形中的分担比例较低且创新策略水平很低，虽然制造商承担成本的比重高，但创新投入很低，即制造商承担的创新成本较低故其利润高，低创新、低零售价格与低需求使得零售商利润低。在 RXB 情形中分担比例高且创新投入很高，制造商承担的创新成本高致使其利润低，零售商得益于高创新、高零售价格与高需求，因此其利润高。

图 4-4 说明了在共同决策分担比例时，MXB 情形与 RXB 情形中供应链成员的利润随议价能力变化的情况，其中参数的取值为 $c=0.3$，$k=0.1$，$\delta=0.3$，$\theta \in (0，1)$。与外生分担比例的情形相比，从图 4-1 与图 4-4 可以看出，随着制造商与零售商之间合作程度的提高，在 MXB 情形与 RXB 情形下供应链成员的利润差距相差无几，并且成员利润都有小幅度升高。可见，供应链中成员之间合作水平的提升可以使渠道更加协调。特别地，合作水平的提高，也弱化了制造商或零售商主导创新策略的绝对优势，缩小了制造商主导模式与零售商主导模式之间的差异，并出现能使现两者双赢的情形。该结论或许可以解释盒马鲜生加大对上游供应商生态体系的投资，联合上游协同研发绿色产品并与其达成良性、长期战略协作关系的原因。

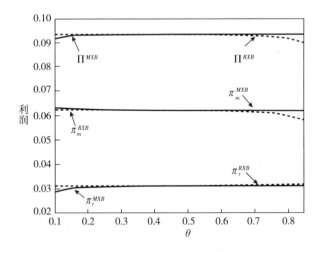

图 4-4   供应链成员的利润在 MXB 与 RXB 情形下随 θ 变化的情况

资料来源：笔者绘制。

第五节　数值模拟分析

本节旨在通过数值案例来分析供应链成员的最优运营和营销策略，并且使用数值仿真方法来研究关键参数对成员的策略和利润的影响，利用 MATLAB 软件绘制图形，以进一步获得关于最优策略的结论并提炼出具有管理意义的见解。基于相关文献的参数设置（祝福云，2009；Wang and Shin，2015；Pun and Chamat，2016；Yu et al.，2019）与本章模型的基本假设，本节选取 $c = 0.3$，$k = 0.1$，$\delta = 0.8$，$\varphi \in (0, 1)$，$\theta \in (0, 1)$ 作为参数基准，分别研究绿色产品创新产生额外单位生产成本与消费者对绿色产品绿色度的敏感因子对 MX、RX、MXB 与 RXB 这四种情形下成员策略与利润的影响。

图 4-5 是绿色产品创新努力随额外单位生产成本影响因子变化的情况。图 4-5 表明，绿色产品创新努力会随该影响因子的增加而减少，这与推论 4.1 至推论 4.4 的结论相符。从图 4-5 中可以看出，在额外单位成本影响因子处于低

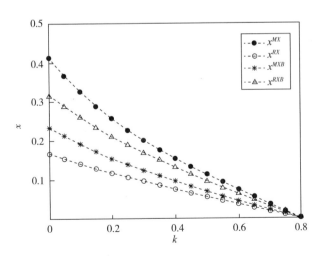

图 4-5　绿色产品创新努力在四种情形下随 k 变化的情况（$\varphi = 0.5$，$\theta = 0.5$）

资料来源：笔者绘制。

水平时，创新努力水平对创新产生额外单位成本的变化更加敏感。在额外单位成本影响因子处于高水平时，创新努力水平随影响因子变化的趋势较平缓。此外，共同决策分担比例情形的创新努力水平处于外生分担比例情形的创新努力水平之间，这是由于合作水平的提高缩小了制造商主导创新与零售商主导创新这两种情况关于绿色产品创新努力策略的差距。特别地，双赢结果出现在 MXB 情形中，可见投入高水平的绿色产品创新努力不一定能使所有供应链成员都受益。

图 4-6 是批发价格与零售价格在四种模式下随额外单位成本影响因子变化的情况。推论 4.1 至推论 4.4 表明在 MX 情形与 RX 情形中，批发价格与零售价格随影响因子递减，而在 MXB 情形与 RXB 情形中由于解析式较为复杂无法得出价格策略随该因子的变化情况，经过多个数值案例的分析，基本可以得到 MXB 情形与 RXB 情形中价格策略也随该因子递减的结论，图 4-6 只呈现了其中一组数值下的变化趋势。在额外单位成本影响因子处于低水平时，批发价格与零售价格随之提高而降低的幅度大。在影响因子处于高水平时，价格策略随之增加而降低的幅度小。此外，合作水平的提高也缩小了不同成员主导创新情形中价格策略之间的差距。

图 4-7 呈现出制造商利润与零售商利润随额外单位成本影响因子变化的情况。在分担比例与议价能力取不同值时，图 4-7（a）与图 4-7（b）是制造商利润的变化走势，图 4-7（c）与图 4-7（d）是零售商利润的变化趋势。推论 4.1 至推论 4.4 说明在不同模式、不同参数取值下，制造商利润或零售商利润随额外单位成本影响因子变化的趋势不同，这些趋势也体现在图 4-7 中。此外，在额外单位成本影响因子处于低水平时，制造商利润或零售商利润随影响因子变化的降幅较大；影响因子处于高水平时，制造商利润或零售商利润随之变化的幅度趋于平缓。

图 4-8 是在制造商与零售商共同决定分担比例的模式下，制造商与零售商双赢区域随额外单位成本影响因子与消费者对绿色度敏感因子变化的情况。从图 4-8（a）可以看出，双赢区域随额外单位成本影响因子的增加而减小，图 4-8（b）则说明双赢区域随着消费者对绿色度偏好的增加而增大。双赢区域的大小仅与绿色产品创新产生额外单位生产成本与消费者对绿色产品绿色度的敏感因子相关。这意味着，制造商与零售商可以通过掌握更熟练的绿色产品创新技术或加大对绿色产品的宣传力度来促进双赢情形的形成，并放宽形成双赢情形需要满足的条件因素。

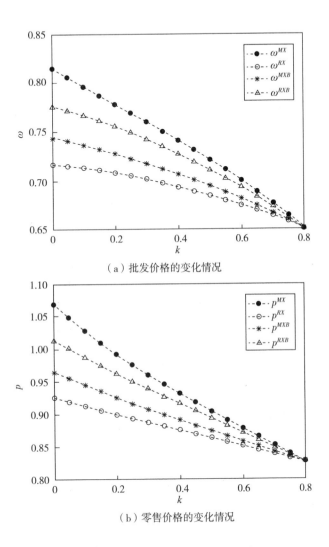

（a）批发价格的变化情况

（b）零售价格的变化情况

图 4-6　批发价格与零售价格在四种情形下随 k 变化的情况（$\varphi=0.5$，$\theta=0.5$）

资料来源：笔者绘制。

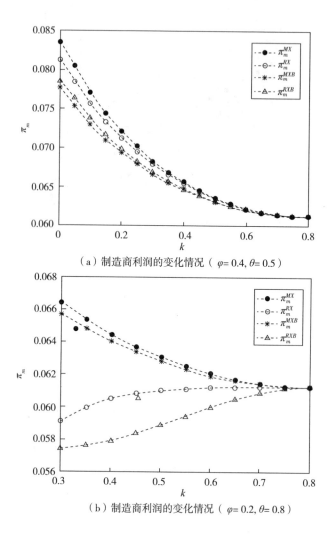

（a）制造商利润的变化情况（$\varphi = 0.4, \theta = 0.5$）

（b）制造商利润的变化情况（$\varphi = 0.2, \theta = 0.8$）

图4-7　制造商与零售商的利润随 k 变化的情况

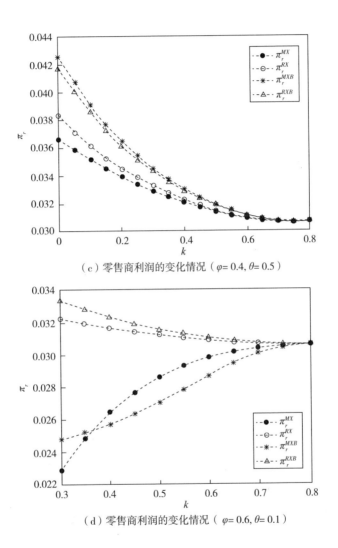

（c）零售商利润的变化情况（$\varphi = 0.4, \theta = 0.5$）

（d）零售商利润的变化情况（$\varphi = 0.6, \theta = 0.1$）

图4-7　制造商与零售商的利润随 k 变化的情况（续）

资料来源：笔者绘制。

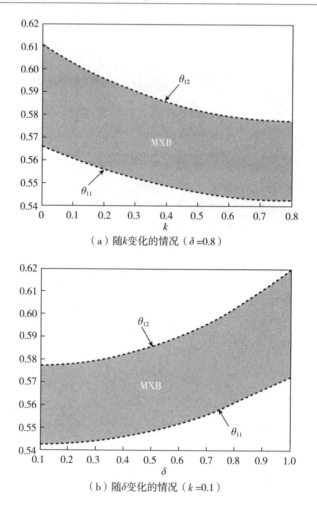

（a）随k变化的情况（$\delta = 0.8$）

（b）随δ变化的情况（$k = 0.1$）

图4-8 讨价还价模式下制造商与零售商双赢区域随k和δ变化的情况

资料来源：笔者绘制。

本章小结

　　本章主要研究了供应链成员之间不同的合作水平将如何影响制造商或零售商

对绿色产品创新策略的选择与决策权力的掌控，以及制造商与零售商在不同合作水平契约下是否存在双赢结果的问题。本章考虑了两种情况：一是成本分担比例为外生变量的情况，二是成本分担比例为内生变量的情况。在上述两种情况下研究了制造商与零售商分别作为绿色产品创新策略决策者的两种情形，通过对制造商与零售商决策过程与所获利润的分析，得出了如下结论：

第一，成员之间建立不同合作水平的契约对绿色产品创新策略造成的影响不同。在成本分担比例为外生变量时，作为绿色产品创新策略决策者的一方如果承担低比例的创新成本，则其将设置高水平的绿色产品创新努力策略。在分担比例为内生变量时，创新策略的决策者如果拥有高议价能力且承担低比例的创新成本，则其有最优的绿色产品创新努力策略。特别地，投入越高的绿色产品创新努力并不一定会使所有成员都获益。

第二，供应链成员之间合作水平的提高削弱了制造商或零售商主导创新策略的绝对优势，缩小了制造商主导创新与零售商主导创新这两种情形下绿色产品创新努力水平、批发价格、零售价格及成员利润之间的差异，并且成员利润与供应链总利润都有小幅升高，使制造商与零售商双赢。由此可见，合作水平的提高可以使供应链渠道更加协调。

第三，合作水平会影响制造商与零售商双赢结果的出现。在合作水平低时，制造商与零售商之间不会出现双赢结果，但是可以通过设置利润转让合同，使某一方成员选择有利于整个供应链都获益的模式，这样便可出现双赢结果。在合作水平高时，制造商与零售商之间有双赢结果的出现，双赢区域的大小仅与绿色产品创新产生额外单位生产成本和消费者对绿色产品绿色度的敏感因子密切相关。

此外，上述结论中蕴含一些有价值的见解：首先，制造商与零售商可以加大两者之间研发合作的力度，以提高绿色产品创新的有效性，避免无效创新。其次，制造商与零售商可通过掌握更熟练的绿色清洁生产技术以降低额外单位生产成本，并加大力度宣传绿色产品，从而提高消费者对绿色产品的关注与偏好，进一步促使两者双赢。

第五章 创新溢出对制造商绿色产品创新决策的影响

本章使用博弈论理论模型研究了外包供应商为制造商提供核心零部件的同时，是否会选择仿制制造商的自主产品来入侵市场的问题。特别地，本章考虑了制造商将采用绿色产品创新策略提高自主产品的差异化程度与绿色度，进而防止供应商仿制其产品。供应商需要决定是否入侵与定价策略，制造商需要决定绿色产品创新策略与定价策略。作为对现有文献的补充，本章发现在大多数情形下供应商入侵会损害制造商的利益。然而，有趣的是，如果供应商在仿制水平低且消费者更青睐价格低廉仿制品的情形下入侵，可以实现供应商与制造商双赢的局面。绿色产品创新可以作为主要工具来阻止仿制品入侵，并提高自身产品差异度和环保度。当供应商仿制能力处于较高水平时，供应商入侵市场的可能性较小。此外，本章还对主模型进行了扩展研究，进一步将供应商单位生产成本纳入考虑范围，扩展模型的结果表明上述结论依然成立，验证了主模型具有稳健性。

第一节 研究背景与问题描述

正如创新是经济发展的动力，绿色创新则是引领绿色经济可持续发展的动力。党的十九大报告指出："构建市场导向的绿色技术创新体系，发展绿色金融，壮大节能环保产业、清洁生产产业、清洁能源产业。"① 绿色产品创新是指在绿色技术创新方面进行投资以提升产品绿色度的创新活动，是一种既能减少环境压力，又能取得生态可持续发展的投资行为，还能提高产品质量以降低产品的可替代性并提升产品的差异化程度。然而，伴随科技的发展与进步，竞争对手的仿制能力也在逐渐增强。

苹果与三星是智能手机行业的两大著名品牌，两者之间存在着既合作又竞争的关系。苹果将手机显示屏、图形处理器（GPU）、随机存取存储器（RAM）、Nand-flash 内存与 AX 芯片这些核心部件外包给供应商三星公司，而三星生产的 Galaxy 系列是与 iPhone 在外观和某些功能方面最为相似的手机，也是 iPhone 最大的竞争者（何兴平，2014）。两者最为相像的地方是产品体验与外观而并非技术层面。例如，使用手指双击手机图片可以放大该图片，或是操作手机通用手势，或是滑动到页面底部显示"弹橡皮筋"的视觉效果，又或是出现在手机屏幕上的图标是圆滑边角等（黄细江，2017）。正如上述提及的，三星手机的某些特色的确是苹果已推出产品所具有的。此外，苹果不仅作为硬件产品提供商，同样也是软件提供商，其有名的 App Store 应用程序也成为苹果软件产品系列独特的竞争优势（刘蕾等，2021）。距离 iPhone 3G 与 App Store 发布仅不到两年时间，各大手机品牌制造商都争相效仿 App Store 推出其软件下载程序，其中也包括三星的 Samsung Apps。然而，苹果公司在产品设计、技术研发与渠道选择方面采取的创新手段具有独特的风格与特点，为了减少外包供应商模仿其系列产品的动机，苹果转向投资可实现的经营战略即投资于改善产品质量的研发（姜意强，2014）。另外，苹果公司将采用更环保、可回收材料使产品更加绿色环保，如电路主板上的锡和外机玻璃的生物塑料（使用比例高达 32%）②。这标志着苹果公司正试图减轻产品对环境压力的最新尝试。负责公司环境问题的高管 Lisa Jackson 在发布会上重申了苹果在环保方面的诚意，如让所有基础设施都改用可再生

---

① 习近平：决胜全面建成小康社会 夺取新时代中国特色社会主义伟大胜利——在中国共产党第十九次全国代表大会上的报告［EB/OL］.（2017-10-17）. http：//www.gov.cn/zhuanti/2017-10/27/content_5234876. htm.

② 苹果为环保作出的努力：在新 iPhone 中广泛应用回收材料［EB/OL］.（2018-09-13）. https：//www.sohu.com/a/253608911_223764.

能源①。也就是说，苹果在产品研发与环保方面投入资金的增加非常显著。

自从 AirPods 出现后，除 JEET 等少数厂商仍坚持自主创意之外，绝大多数厂商都在跟风抄袭 AirPods 的外观、创意，其相似度超过 90%。在 AirPods 问世之前，没有任何一家耳机厂商采用在充电盒中放置耳机的设计方案。AirPods 的爆火，直接导致的结果是出现一大批山寨厂商。虽然，大部分山寨蓝牙耳机在外观方面已经做到以假乱真的程度，但 AirPods 产品有一项功能一直很难被山寨厂家仿制，即 AirPods 在第一次与手机蓝牙配对时，耳机盒开盖后靠近 iPhone 时会在手机屏幕上出现一个连接提示的动画弹窗，这种颇有仪式感的体验仿佛也成为苹果抵御山寨 AirPods 的最后一道防线。然而，就是这最后一道防线，最终还是被无所不能的山寨厂商攻破。最近，某电商平台销售的一款山寨 AirPods，该仿制耳机与之前销售的山寨耳机产品有所不同，其仿制特点是在耳机盒开盖后可以在 iPhone 屏幕上弹出与 AirPods 相同的连接动画，甚至还可以显示耳机与充电盒的剩余电量。考虑到不同用户的使用需求与成本问题，该山寨商家设计了三个不同的耳机版本，即取出耳机弹窗版、开盖弹窗版与无弹窗版，这三款耳机售价在 200~400 元，并且都支持蓝牙 5.0 协议②。这样的仿制品完全可以做到以假乱真。

苹果公司如何利用绿色产品创新研发投资与外包商三星或山寨 AirPods 厂商竞争，又如何提升产品在质量与环保贡献方面的优势以抵制外包商入侵，甚至实现与外包商既竞争又合作的目标？也就是说，下游制造商如何利用绿色产品创新来抵制上游外包供应商的入侵，或与之竞争？这一问题值得我们深思。在以往研究文献中，绿色产品创新被指出是提高产品竞争优势（Arrow，1959；Li et al.，2013；魏洁云等，2020；李勃等，2021）、减少环境压力、取得生态可持续发展的投资行为（Gmelin，2014；李旭，2015；Driessen et al.，2013；刘刚，2015；Jansson，2011；张天悦，2014；Kunapatarawong and Martinezros，2016）。本章在构建模型中延续了上述文献的思路，即绿色产品创新可以提高产品差异化以降低被仿制的概率。李晓静等（2017）以两条竞争供应链为研究对象，发现创新策略

---

① 苹果高管 Lisa Jackson 在采访中谈及美国基础设施法案［EB/OL］.（2021-08-19）. https：//new. qq. com/omn/20210819/20210819A01M3D00. html.

② 山寨 Airpods 到底可以以假乱真到什么地步［EB/OL］.（2019-04-09）. http：//www. elecfans. com/ wearable/901856. html.

受到产品竞争强度的影响。Chen（2001）基于对双渠道供应链中产品定价与质量策略的讨论，发现供应商开辟新销售渠道有助于产品质量的提高，并且该供应链效率也可以得到提高。刘虹和潘亚宏（2018）基于质量改进策略如何影响双渠道供应链中价格策略的探讨，进一步发现制造商将选择一个高的产品质量水平，虽然该质量水平会使零售商收益受到损失。与上述文献不同的是，本章研究了同类产品中不同品牌产品之间竞争对绿色产品创新策略的影响。Cui（2019）的研究结果表明制造商在质量改进方面进行适当投资可以阻止供应商的模仿与侵占。Ha 等（2016）研究发现在制造商入侵市场的供应链环境中，制造商的入侵总以牺牲零售商的利益为代价。Zhang 等（2019）研究发现制造商在直销渠道的成本若处于中等水平，则制造商入侵市场会使得产品质量有所降低。此外，制造商可以采用多种策略以应对层出不穷的山寨问题，如采用新兴区块链技术调整产品设计或供应链结构，或者是建立品牌（Hou et al.，2020）。本章在构建模型中延续了以上文献的思路，但与上述文献不同的是，本章考虑了创新溢出效应与外包供应商入侵的情形，即在模型中对外包供应商的仿制水平进行刻画。

基于上述研究背景，本章主要研究外包供应商如何制定入侵策略，制造商如何决定绿色产品创新策略与定价策略以阻止供应商入侵，又如何与入侵的供应商竞争或与入侵的供应商达成双赢的问题。

（1）如果外包供应商持有仿制品入侵市场，制造商如何调整绿色产品创新策略与价格策略与供应商竞争？供应商又如何制定定价策略以达到获利目的？供应商与制造商是否有双赢结果产生？

（2）制造商如何决定绿色产品创新策略以防止供应商仿制其自主产品并阻止供应商持有仿制品入侵？

（3）供应商在什么情况下会选择入侵策略或者不入侵策略？

为了解决以上问题，本章使用博弈论方法进一步分析上游供应商与下游制造商的决策过程。外包供应商为制造商生产并提供核心零部件；同时，供应商具有仿制制造商自主产品的能力且可以建立专属的分销渠道与制造商竞争。供应商需要根据仿制能力的高低与仿制成本的大小以决定是否入侵。出于防止供应商完全仿制其自主产品的目的，制造商采用绿色产品创新策略以提高产品的质量与绿色度（环保贡献）。供应商需要决定是否入侵的策略。如果采用入侵策略，则供应商需要制定批发价格策略与仿制品零售价格策略。否则，供应商仅需要制定核心部件的批发价格策略。制造商需要制定绿色产品创新策略与自主产品的零售价格策略。

本章的研究贡献如下：①考虑了创新溢出效应，即制造商采取绿色产品创新策略后，外包供应商可以仿制制造商自主产品以生产、销售仿制品。②考虑了制造商以抵制外包供应商入侵的角度而采用绿色产品创新策略，即研究了绿色产品创新策略是如何作为制造商的工具以阻止供应商入侵或与入侵的供应商竞争的问题。③本章得出的两个主要结论可以对现有文献做一些补充：首先，在仿制水平较低且消费者更偏好仿制品的情形下，供应商采取入侵策略可以实现与制造商双赢的结果；其次，供应商仿制能力越高，则供应商入侵市场的可能性就越低。

第二节　模型描述与符号说明

本章考虑了一个二级供应链环境中包含一个制造商与一个外包供应商的情形。制造商将该自主产品的某一核心零部件外包给供应商生产，接着在该核心零部件的基础上生产并销售自主产品给终端消费者。然而，供应商也可以独立生产产品，并在产品某些功能与外形方面具备仿制制造商自主产品的能力，供应商可以通过建立自己的分销渠道销售自己生产的仿制品进一步与制造商的自主产品竞争。特别地，供应商可以选择是否生产仿制品入侵市场。本章把供应商的入侵策略用变量 $\aleph$ 来表示，并且 $\aleph \in E$，N。E 表示供应商将选择以持有仿制制造商自主产品的仿制品入侵市场并由此产生一个固定仿制成本。此外，本章假设制造商自主产品的质量越高，则外包供应商的固定仿制成本就越高。此假设也符合实际情况，如仿制品厂商根据不同用户的使用需求与成本，设计了三款售价在 200～400 元的蓝牙耳机。N 表示供应商不入侵市场，仅为制造商生产并提供核心部件。制造商采用绿色产品创新技术以提高自主产品的质量与绿色度，一方面以防止供应商完全仿制自主产品并与其竞争，另一方面以优化升级自主产品、提高产品的环保贡献并吸引追求高品质产品且具有环保意识的消费者。

本章研究了制造商如何调整绿色产品创新策略与定价策略以阻止供应商入侵市场，或与入侵市场的供应商竞争的问题。首先，本章将分析供应商不入侵市场，仅为制造商生产核心零部件时，制造商该如何决定绿色产品创新策略的情形。其次，本章考虑了供应商入侵市场时，供应商该如何决定批发价格策略与仿制品定价策略，并且制造商又该如何决定绿色产品创新策略与供应商竞争的情形。

　　表5-1为本章研究所涉及的符号释义。

表5-1　本章的符号释义

分类	符号	释义
下角标	m	制造商
	s	供应商
参数	θ	消费者类型
	ε	自主产品的质量水平
	δ	消费者购买仿制品的意愿
	α	供应商的仿制能力
	u_m	购买自主产品的消费者效用
	u_s	购买仿制品的消费者效用
	D_m	自主产品的需求
	D_s	仿制品的需求
	π_i	制造商（$i=m$）或 供应商（$i=s$）的利润
决策变量	x	绿色产品创新努力
	p_m	自主产品的零售价格
	ω	批发价格
	p_s	仿制品的零售价格，$\aleph=E$

　　消费者基于该绿色产品的价格、质量及环保贡献从而决定是否产生购买行为。另外，消费者对自主产品质量与仿制品质量的评价是异质的，根据实际情况，本章假设自主产品的质量要高于仿制品的质量。特别地，本章假设消费者类型 θ 是一个均匀分布在0~1的随机变量，即 $\theta \in [0, 1]$。一个消费者愿意为质量

水平为 $\varepsilon > 0$ 的自主产品支付 $\theta\varepsilon$，这意味着，在其他条件相同的情况下，所有消费者都更偏好于质量高的产品而不是质量低的产品。对制造商来说，在给定了自主产品的零售价格 p_m 之后，则消费者可以从该产品获得的效用为 $u_m = \theta\varepsilon - p_m + x$，其中 x 为该产品的绿色产品创新水平。一般而言，消费者通常认为仿制品的质量要低于自主产品，即消费者从仿制品获得的效用要低于从自主产品获得的效用，因此本章基于 Oersdemir 等（2014）的研究，进一步假设消费者对仿制品质量的感知为自主产品质量的 δ 倍，即消费者愿意支付自主产品 δ 倍以获得仿制品，其中 $\delta \in (0, 1)$。如果供应商入侵市场，即 $\aleph = E$，则消费者可以从仿制品那里获得的效用为 $u_s = \delta\theta\varepsilon - p_s + \alpha x$，其中 p_s 是仿制品的零售价格，$\alpha \in (0, 1)$ 是供应商仿制制造商自主产品的仿制能力。采用标准方法以进一步求解垂直差异化模型的产品需求，则制造商自主产品的需求为 $D_m = \int_{\theta:\ u_m > max[u_s,\ 0]} d\theta$。若供应商入侵市场，则供应商仿制品的需求为 $D_s = \int_{\theta:\ u_s > max[u_m,\ 0]} d\theta$。

为了计算简便且与收益相比，生产产品的单位成本是可以忽略不计的。因此，本章假设制造商与供应商的边际生产成本都为零。特别地，制造商采用绿色产品创新会额外产生一个创新成本，并且制造商对绿色产品创新的投资水平将影响产品的绿色创新水平。即制造商选择绿色产品创新水平越高，则创新活动所必需的投资就越多。根据先前文献的结论，创新成本被假设为创新努力的平方（刘虹和潘亚宏，2018；Chen et al.，2017；Jørgensen and Gromova，2016），则本章假设制造商绿色产品创新的成本为 $\frac{1}{2}x^2$，这表明在绿色产品创新方面的成本呈凸型增长。

第三节　制造商绿色产品创新的垂直差异模型

本节研究了在供应商入侵或者不入侵市场的两种情形下，制造商关于绿色产品创新策略与定价策略的选择问题，以及供应商定价策略的选择问题。

一、供应商不入侵情形（ℵ =N）

本部分先考虑供应商不入侵市场的情形，即 ℵ =N。在此情形下，上游外包供应商仅为下游制造商生产制造核心零部件。供应商按每单位固定批发价格将零部件批发给制造商，制造商投入绿色产品创新生产自主产品并设置零售价格向终端消费者销售。通过计算可得制造商自主产品的需求函数为：$D_m = 1 - \dfrac{p_m - x}{\varepsilon}$。

供应商不入侵模型的博弈顺序如下：

（1）制造商决定绿色产品创新努力 x^N。

（2）供应商观测到制造商的创新策略之后，决定核心零部件的批发价格 ω^N。

（3）制造商进一步决定自主产品的零售价格 p_m^N。

在本章中，定义 π_s^N 表示供应商的利润，其表达式为：

$$\pi_s^N = \omega D_m \tag{5-1}$$

定义 π_m^N 表示制造商的利润，其表达式为：

$$\pi_m^N = (p_m - \omega) D_m - \frac{1}{2} x^2 \tag{5-2}$$

对式（5-2）求解关于 p_m 的一阶导数，可得：

$$\frac{\partial \pi_m^N}{\partial p_m} = 1 - \frac{1}{\varepsilon}(2p_m - \omega - x) \tag{5-3}$$

进一步求解式（5-2）关于 p_m 的二阶导数，可得 $\dfrac{\partial^2 \pi_m^N}{\partial p_m^2} = -\dfrac{2}{\varepsilon}$，由假设 $\varepsilon > 0$ 可知，$-\dfrac{2}{\varepsilon} < 0$，则制造商关于 p_m 有唯一最优均衡解。令式（5-3）等于0，可得：

$$p_m^N = \frac{1}{2}(\varepsilon + \omega + x) \tag{5-4}$$

将式（5-4）代入式（5-1）得到供应商利润函数为：

$$\pi_s^N = \frac{\omega}{2\varepsilon}(\varepsilon - \omega + x) \tag{5-5}$$

对式（5-5）求解关于 ω 的一阶导数，可得：

$$\frac{\partial \pi_s^N}{\partial \omega} = \frac{1}{2\varepsilon}(\varepsilon - 2\omega + x) \tag{5-6}$$

通过对式（5-5）求解关于 ω 的二阶导数，可得 $\frac{\partial^2 \pi_s^N}{\partial \omega^2} = -\frac{1}{\varepsilon}$，由假设 $\varepsilon > 0$ 可知，$-\frac{1}{\varepsilon} < 0$，则供应商关于 ω 有唯一最优均衡解。令式(5-6)等于 0，可得：

$$\omega = \frac{1}{2}(\varepsilon + x) \tag{5-7}$$

将式（5-7）代入式（5-2）得到制造商利润函数为：

$$\pi_m^N = \frac{1}{16\varepsilon}(\varepsilon + x)^2 - \frac{1}{2}x^2 \tag{5-8}$$

对式（5-8）求解关于 x 的一阶导数，可得：

$$\frac{\partial \pi_m^N}{\partial x} = \frac{1}{8\varepsilon}(\varepsilon + x) - x \tag{5-9}$$

通过对式（5-9）求解关于 x 的二阶导数，可得 $\frac{\partial^2 \pi_m^N}{\partial x^2} = \frac{1 - 8\varepsilon}{8\varepsilon}$，需满足条件 $1 - 8\varepsilon < 0$，即 $\varepsilon > \frac{1}{8}$，则制造商关于 x 有唯一最优均衡解。因此，假设条件 $\varepsilon > \frac{1}{8}$ 成立，通过令式（5-9）等于 0，可求解得到最优绿色产品创新努力 x^{N*}，将 x^{N*} 代入式（5-1）、式（5-2）、式（5-4）和式（5-7），得到制造商与供应商的最优控制策略与利润，总结于命题 5.1。

命题 5.1 在 $\aleph = N$ 情形下，为保证模型所涉及的策略、需求与利润都为正，则参数满足 $\varepsilon > \frac{1}{8}$ 时，制造商最优的绿色产品创新努力与零售价格、供应商最优的批发价格、产品需求、制造商利润与供应商利润依次为：

$$x^{N*} = \frac{\varepsilon}{8\varepsilon - 1} \tag{5-10}$$

$$p_m^{N*} = \frac{6\varepsilon^2}{8\varepsilon - 1} \tag{5-11}$$

$$\omega^{N*} = \frac{4\varepsilon^2}{8\varepsilon - 1} \tag{5-12}$$

$$D_m^{N*} = \frac{2\varepsilon}{8\varepsilon - 1} \tag{5-13}$$

$$\pi_m^{N*} = \frac{\varepsilon^2}{2(8\varepsilon - 1)} \tag{5-14}$$

$$\pi_s^{N*} = \frac{8\varepsilon^3}{(8\varepsilon - 1)^2} \tag{5-15}$$

命题 5.1 给出了在供应商不入侵市场（$\aleph = N$）的情形下制造商与供应商的均衡解析解，从上述均衡解可以看出，供应商和制造商的均衡解与利润都与自主产品的质量 ε 相关。为了进一步理解自主产品的质量对成员最优决策的影响，由命题 5.1 可得出推论 5.1。

推论 5.1　在 $\aleph = N$ 情形中，在参数满足 $\varepsilon > \frac{3}{8}$ 时，自主产品质量的变化对绿色产品创新努力、批发价格、零售价格、产品需求与成员利润的影响为：$\frac{\partial x^{N*}}{\partial \varepsilon} < 0$，$\frac{\partial \omega^{N*}}{\partial \varepsilon} > 0$，$\frac{\partial p_m^{N*}}{\partial \varepsilon} > 0$，$\frac{\partial D_m^{N*}}{\partial \varepsilon} < 0$，$\frac{\partial \pi_m^{N*}}{\partial \varepsilon} > 0$，$\frac{\partial \pi_s^{N*}}{\partial \varepsilon} > 0$。

推论 5.1 的证明过程较为简单，此处省略。

推论 5.1 说明了随着自主产品质量的提高，制造商对绿色产品创新投入将减少。这意味着，如果自主产品的质量水平很高时，制造商投入越多绿色产品创新努力仅造成创新成本的升高，而不会达到提高自主产品质量与绿色度同等的正效应，即自主产品的创新水平将维持在一个较低且稳定的水平。随着自主产品质量的提高，消费者从高质量产品中获得的效用也在提高；同时，自主产品也失去了一部分剩余价值为零的消费者。因此，制造商将设置一个高的零售价格策略，供应商也将设置一个高的批发价格策略。此外，制造商与供应商也从质量高的产品中获取更多利益。值得注意的是，本推论假设 $\varepsilon > \frac{3}{8}$ 是基于确保决策变量、产品需求与利润都为正的基础上 $\left(\varepsilon > \frac{1}{8} \right)$。这是由于，在 $\varepsilon \in \left(\frac{1}{8}, \frac{3}{8} \right]$ 之间，随着产品质量提高，产品的价格与利润减少，这与现实情况不符，因此该推论假设 $\varepsilon > \frac{3}{8}$。

二、供应商入侵情形（$\aleph = E$）

本部分考虑供应商入侵制造商自主产品市场的情形，即 $\aleph = E$。在此情形下，供应商不仅为制造商供应核心零部件，并且供应商还具有仿制制造商自主产品、建立分销渠道的能力，上游供应商将持有仿制品入侵市场与下游制造商竞争。外包供应商为制造商提供核心零部件的同时，供应商生产仿制品将产生一个仿制成本 F。特别地，本章假设供应商仿制水平越高，产生的仿制成本就越高，该假设与实际情况也相符合。供应商与制造商进一步决策各自产品的零售价格销售给消费者。通过计算得到供应商仿制品的需求函数为 $D_s = \dfrac{p_m - (1-\alpha)x - p_s}{(1-\delta)\varepsilon} - \dfrac{p_s - \alpha x}{\delta\varepsilon}$，制造商自主产品的需求函数为 $D_m = 1 - \dfrac{p_m - (1-\alpha)x - p_s}{(1-\delta)\varepsilon}$。

供应商入侵模型的博弈顺序如下：

（1）制造商决定绿色产品创新努力 x^E。

（2）供应商观测到制造商的创新策略之后，决定核心零部件的批发价格 ω^E。

（3）制造商与供应商分别决定自主产品与仿制品的零售价格 p_m^E 与 p_s^E。

在本章中，定义 π_s^E 表示供应商的利润，其表达式为：

$$\pi_s^E = \omega D_m + p_s D_s - F \tag{5-16}$$

定义 π_m^E 表示制造商的利润，其表达式为：

$$\pi_m^E = (p_m - \omega)D_m - \frac{1}{2}x^2 \tag{5-17}$$

对式（5-16）、式（5-17）分别求解关于 p_s 和 p_m 的一阶导数，可得：

$$\frac{\partial \pi_s^E}{\partial p_s} = \frac{1}{(1-\delta)\delta\varepsilon}\left[(p_m+\omega)\delta - 2p_s + (\alpha-\delta)x\right] \tag{5-18}$$

$$\frac{\partial \pi_m^E}{\partial p_m} = \frac{1}{(1-\delta)\varepsilon}\left[p_s + \omega - 2p_m + (1-\alpha)x + (1-\delta)\varepsilon\right] \tag{5-19}$$

通过对式（5-16）、式（5-17）分别求解关于 p_s 和 p_m 的二阶导数，结合本章假设 $\varepsilon > 0$ 与 $0 < \delta < 1$，可得：

$$\frac{\partial^2 \pi_s^E}{\partial p_s^2} = -\frac{2}{(1-\delta)\delta\varepsilon} < 0 \tag{5-20}$$

$$\frac{\partial^2 \pi_m^E}{\partial p_m^2} = -\frac{2}{(1-\delta)\varepsilon} < 0 \tag{5-21}$$

则供应商与制造商分别关于 p_s 与 p_m 有唯一最优均衡解，令式（5-18）、式（5-19）分别等于 0，可得：

$$p_s^E = \frac{1}{4-\delta}\{3\delta\omega + [(2-\delta)\alpha - \delta]x + (1-\delta)\delta\varepsilon\} \tag{5-22}$$

$$p_m^E = \frac{1}{4-\delta}[(2+\delta)\omega + (2-\alpha-\delta)x + 2(1-\delta)\varepsilon] \tag{5-23}$$

将式（5-22）和式（5-23）代入式（5-16）得供应商利润函数为：

$$\pi_s^E = \frac{1}{(1-\delta)(4-\delta)^2\delta\varepsilon}([[(2-\delta)\alpha-\delta]^2 x^2 + \delta(1-\delta)\{(8+\alpha\delta)\omega + 2[(2-\delta)\alpha-\delta]\varepsilon\}x +$$

$$\delta(1-\delta)[(8+\delta^2)\varepsilon\omega - (8+\delta)\omega^2 + \delta(1-\delta)\varepsilon^2]) - F \tag{5-24}$$

对式（5-24）求解关于 ω 的一阶导数，可得：

$$\frac{\partial \pi_s^E}{\partial \omega} = \frac{1}{(4-\delta)^2\varepsilon}[(8+\alpha\delta)x - 2(8+\delta)\omega + (8+\delta^2)\varepsilon] \tag{5-25}$$

通过对式（5-24）求解关于 ω 的二阶导数，可得 $\dfrac{\partial^2 \pi_s^E}{\partial \omega^2} = -\dfrac{2(8+\delta)}{(4-\delta)^2\varepsilon} < 0$，则供应商关于 ω 有唯一最优均衡解。令式（5-25）等于 0，可得：

$$\omega = \frac{1}{2(8+\delta)}[(8+\alpha\delta)x + (8+\delta^2)\varepsilon] \tag{5-26}$$

将式（5-26）代入式（5-17）得制造商利润函数为：

$$\pi_m^E = \frac{1}{(1-\delta)(8+\delta)^2\varepsilon}[(1-\alpha)(2+\delta)x + (1-\delta)(2+\delta)\varepsilon]^2 - \frac{1}{2}x^2 \tag{5-27}$$

对公式（5-27）求解关于 x 的一阶导数，可得：

$$\frac{\partial \pi_m^E}{\partial x} = \frac{2}{(1-\delta)(8+\delta)^2\varepsilon}(1-\alpha)(2+\delta)[(1-\alpha)(2+\delta)x + (1-\delta)(2+\delta)\varepsilon] - x \tag{5-28}$$

通过对式（5-27）求解关于 x 的二阶导数，可得 $\dfrac{\partial^2 \pi_m^E}{\partial x^2} = \dfrac{2(1-\alpha)^2(2+\delta)^2}{(1-\delta)(8+\delta)^2\varepsilon} - 1$，

需满足条件 $\dfrac{2(1-\alpha)^2(2+\delta)^2}{(1-\delta)(8+\delta)^2\varepsilon} - 1 < 0$，即 $\varepsilon > \dfrac{2(1-\alpha)^2(2+\delta)^2}{(1-\delta)(8+\delta)^2}$，则制造商关于 x 有唯一

最优均衡解。因此，假设条件 $\varepsilon>\dfrac{2(1-\alpha)^2(2+\delta)^2}{(1-\delta)(8+\delta)^2}$ 成立，通过令式（5-28）等于0，可求解得到最优绿色产品创新努力 x^{E*}，将 x^{E*} 代入式（5-16）、式（5-17）、式（5-22）、式（5-23）和式（5-26），可得制造商与供应商的最优控制策略与利润，总结于命题5.2。

命题5.2 在 $\aleph=E$ 情形下，为保证模型所涉及的策略、需求与利润都为正，则在参数满足 $\varepsilon>\dfrac{2(1-\alpha)^2(2+\delta)^2}{(1-\delta)(8+\delta)^2}$ 时，制造商最优的绿色产品创新努力与零售价格、供应商最优的批发价格与零售价格、产品需求、制造商利润与供应商利润依次为：

$$x^{E*}=\frac{2\varepsilon(1-\alpha)(1-\delta)(2+\delta)^2}{\varepsilon(1-\delta)(8+\delta)^2-2(1-\alpha)^2(2+\delta)^2} \tag{5-29}$$

$$p_m^{E*}=\frac{2\varepsilon(1-\alpha)(\alpha-\delta)(2+\delta)^2+\varepsilon^2(1-\delta)(8+\delta)(12-2\delta-\delta^2)}{2\varepsilon(1-\delta)(8+\delta)^2-4(1-\alpha)^2(2+\delta)^2} \tag{5-30}$$

$$\omega^{E*}=\frac{2\varepsilon(1-\alpha)(\alpha-\delta)(2+\delta)^2+\varepsilon^2(1-\delta)(8+\delta)(8+\delta^2)}{2\varepsilon(1-\delta)(8+\delta)^2-4(1-\alpha)^2(2+\delta)^2} \tag{5-31}$$

$$p_s^{E*}=\frac{2\varepsilon(1-\alpha)(\alpha-\delta)(2+\delta)^2+\varepsilon^2\delta(1-\delta)(8+\delta)(10-\delta)}{2\varepsilon(1-\delta)(8+\delta)^2-4(1-\alpha)^2(2+\delta)^2} \tag{5-32}$$

$$D_m^{E*}=\frac{\varepsilon(1-\delta)(2+\delta)(8+\delta)}{\varepsilon(1-\delta)(8+\delta)^2-2(1-\alpha)^2(2+\delta)^2} \tag{5-33}$$

$$D_s^{E*}=\frac{(2+\delta)[2(1-\alpha)(\alpha-\delta)(2+\delta)+\varepsilon\delta(1-\delta)(8+\delta)]}{2\varepsilon\delta(1-\delta)(8+\delta)^2-4\delta(1-\alpha)^2(2+\delta)^2} \tag{5-34}$$

$$\pi_m^{E*}=\frac{\varepsilon^2(\delta^2+\delta-2)^2}{\varepsilon(1-\delta)(8+\delta)^2-2(1-\alpha)^2(2+\delta)^2} \tag{5-35}$$

$$\pi_s^{E*}=H-F \tag{5-36}$$

其中，

$$H=\frac{4\varepsilon(1-\alpha)(\alpha-\delta)(2+\delta)^2[(1-\alpha)(\alpha-\delta)(2+\delta)^2+\varepsilon\delta(1-\delta)(8+\delta)^2]+\varepsilon^3\delta(8+\delta)^3(\delta^2+\delta-2)^2}{4\delta[\varepsilon(1-\delta)(8+\delta)^2-2(1-\alpha)^2(2+\delta)^2]^2}。$$

命题5.2给出了在供应商入侵市场（$\aleph=E$）的情形下制造商与供应商的最优均衡解析解，从上述均衡解可以看出，制造商与供应商的控制策略与利润都与自主产品的质量 ε、供应商的仿制能力 α 与消费者对仿制品支付意愿 δ 相关。为了进一步理解产品质量与仿制能力对成员最优决策的影响，由命题 5.2 可得出推论 5.2 与推论 5.3。

推论 5.2 在 $\aleph = E$ 情形中，在参数满足 $\varepsilon > \dfrac{2(1-\alpha)^2(2+\delta)^2}{(1-\delta)(8+\delta)^2}$ 时，自主产品质量、供应商仿制能力与消费者对仿制品支付意愿的变化对绿色产品创新努力和自主产品需求影响为：$\dfrac{\partial x^{E*}}{\partial \varepsilon} < 0$，$\dfrac{\partial x^{E*}}{\partial \alpha} < 0$，$\dfrac{\partial x^{E*}}{\partial \delta} > 0$，$\dfrac{\partial D_m^{E*}}{\partial \varepsilon} < 0$，$\dfrac{\partial D_m^{E*}}{\partial \alpha} < 0$，$\dfrac{\partial D_m^{E*}}{\partial \delta} > 0$。

推论 5.2 的证明过程较为简单，此处省略。

从推论 5.2 可以看出，自主产品需求与绿色产品创新努力随自主产品质量、供应商仿制能力与消费者对仿制品支付意愿比例变化的趋势相同。自主产品的质量越高，则制造商越不需要投入过高的绿色产品创新努力。供应商仿制制造商产品的水平越高，仿制品在功能或外形方面与自主产品越相像，则两者之间的竞争越激烈。因此，制造商选择调整自主产品的零售价格策略以与仿制品竞争。由于降低创新成本的考虑，制造商不得不降低对绿色产品创新努力的投入，自主产品的需求量也会因此下降。如果消费者为仿制品支付的意愿提高，这意味着消费者不仅偏好质量水平高的自主产品，还偏好零售价格低的仿制品，那么制造商会加大绿色产品创新努力投入以优化产品并加强环保贡献来吸引消费者。有趣的是，自主产品的需求不仅没有下降反而有所提高。这表示，即使仿制品的零售价格低于自主产品，消费者对仿制品与自主产品偏好程度的差异还是存在的。也就是说，对产品价位预期高的消费者仍然将选择价格更高的自主产品。这是由于与仿制品相比，自主产品在品牌效应、产品功能与性能方面仍然优于仿制品。因此，在价格与产品质量的比较之下，有高消费能力且有高预期的消费者仍然愿意为高质量的产品买单。

推论 5.3 在 $\aleph = E$ 情形中，在参数满足 $\varepsilon > \dfrac{2(1-\alpha)^2(2+\delta)^2}{(1-\delta)(8+\delta)^2}$ 时，供应商仿制能力的变化对批发价格、自主产品和仿制品零售价格之差的影响为 $\dfrac{\partial \omega^{E*}}{\partial \alpha} < 0$ 和 $\dfrac{\partial (p_m^{E*} - p_s^{E*})}{\partial \alpha} < 0$。

推论 5.3 的证明过程较为简单，此处省略。

推论 5.3 说明了随着供应商仿制水平提高，其批发价格策略将降低，并且自主产品价格与仿制品价格之间的差价将减小。这是由于，供应商仿制水平的提高使得仿制品与自主产品越发相像。与仿制品相比，自主产品有质量高的优势却有价格高的劣势。为了与相似度很高的仿制品竞争，制造商将选择低水平的零售价格策略，而供应商则会适当提高仿制品的零售价格以谋取利润。有趣的是，供应商将选择设置一个低的批发价格而不是一个高的批发价格。这是由于，对绝大部分消费者来说，产品质量仍然是购买产品的主要考虑因素之一，即大部分消费者还是倾向于为自主产品买单。此外，供应商主要收入来源是批发核心零部件给制造商。因此，供应商仿制能力的升高使其不得不选择设置一个偏低水平的批发价格策略。

第四节 入侵与不入侵的均衡策略比较与讨论

在本节中，将情形 $\aleph = N$ 与情形 $\aleph = E$ 的最优绿色产品创新策略与价格策略进行比较与分析，以得到均衡解的一些性质。本节还讨论了供应商入侵市场的策略和条件，以进一步得出供应商入侵市场是如何影响绿色产品创新策略与价格策略的选择。本节通过比较情形 $\aleph = N$ 与情形 $\aleph = E$ 的绿色产品创新努力策略、批发价格、零售价格与供应商利润，结合产品质量等其他影响因素，进一步得到命题 5.3 至命题 5.6。

命题 5.3 制造商的绿色产品创新努力与零售价格在情形 $\aleph = N$ 与情形 $\aleph = E$ 中的大小关系为：

（1）在参数满足 $\varepsilon > \dfrac{2(1-\alpha)^2(2+\delta)^2}{(1-\delta)(8+\delta)^2} \geqslant \dfrac{3}{8}$ 时，$x^{E*} > x^{N*}$ 的充要条件是 $\alpha \in (0, \alpha_1)$；$x^{E*} < x^{N*}$ 的充要条件是 $\alpha \in (\alpha_1, 1)$。其中，$\alpha_1 = \dfrac{(2+\delta)[(1-\delta)(8\varepsilon-1)+2]-\sqrt{(1-\delta)[(2+\delta)^2(1-\delta)(8\varepsilon-1)^2+2\varepsilon(8+\delta)^2]}}{2(2+\delta)}$。

（2）在参数满足 $\dfrac{3}{8} \leqslant \dfrac{2(1-\alpha)^2(2+\delta)^2}{(1-\delta)(8+\delta)^2} < \varepsilon \leqslant \dfrac{33}{56}$ 时，若 $\alpha \in (0, \alpha_2)$，则 $p_m^{E*} > p_m^{N*}$；

若 $\alpha \in (\alpha_2, 1)$，则 $p_m^{E*} < p_m^{N*}$。其中，$\alpha_2 = \dfrac{(2+\delta)[24\varepsilon-(1+\delta)(8\varepsilon-1)]}{2(2+\delta)(1+4\varepsilon)} -$

$$\dfrac{\sqrt{(1-\delta)\{(2+\delta)^2(1-\delta)(8\varepsilon-1)^2+2\varepsilon(8+\delta)(1+4\varepsilon)[\delta(2+\delta)(8\varepsilon-1)+12(1+\varepsilon\delta)]\}}}{2(2+\delta)(1+4\varepsilon)}。$$

证明：先证明命题 5.3（1），令情形 $\aleph = N$ 与情形 $\aleph = E$ 中的绿色产品创新努力相减可得：

$$x^{E*} - x^{N*} = \dfrac{2\varepsilon(1-\alpha)(1-\delta)(2+\delta)^2(8\varepsilon-1)-\varepsilon^2(1-\delta)(8+\delta)^2+2\varepsilon(1-\alpha)^2(2+\delta)^2}{(8\varepsilon-1)[\varepsilon(1-\delta)(8+\delta)^2-2(1-\alpha)^2(2+\delta)^2]}$$

由于 $\dfrac{\varepsilon}{(8\varepsilon-1)[2\varepsilon(1-\delta)(8+\delta)^2-4(1-\alpha)^2(2+\delta)^2]} > 0$，则 $x^{E*} - x^{N*}$ 的大小关系

依赖于 $2(1-\alpha)(1-\delta)(2+\delta)^2(8\varepsilon-1)-\varepsilon(1-\delta)(8+\delta)^2+2(1-\alpha)^2(2+\delta)^2$。

设函数 F 是关于 α 的函数，则有：

$$\begin{aligned} F(\alpha) &= 2(1-\alpha)(1-\delta)(2+\delta)^2(8\varepsilon-1)-\varepsilon(1-\delta)(8+\delta)^2+2(1-\alpha)^2(2+\delta)^2 \\ &= 2(2+\delta)^2\alpha^2-2(2+\delta)^2[(1-\delta)(8\varepsilon-1)+2]\alpha+2(1-\delta)(2+\delta)^2(8\varepsilon-1)- \\ &\quad \varepsilon(1-\delta)(8+\delta)^2+2(2+\delta)^2 \end{aligned}$$

又因为 $F(\alpha=0)=2\delta(2+\delta)^2+3\varepsilon\delta(1-\delta)(16+5\delta)>0$ 且 $F(\alpha=1)=-\varepsilon(1-\delta)(8+\delta)^2<0$，则函数 $F(\alpha)$ 在 $\alpha \in (0, 1)$ 之间存在一根，设函数 $F(\alpha)$ 的根为 α_1 和 α_{11}，不失一般性，假设 $\alpha_1 < \alpha_{11}$。因此，$x^{E*} > x^{N*}$ 的充要条件是 $\alpha \in (0, \alpha_1)$；$x^{E*} < x^{N*}$ 的充要条件是 $\alpha \in (\alpha_1, 1)$。其中，$\alpha_1 = \dfrac{(2+\delta)[(1-\delta)(8\varepsilon-1)+2]-\sqrt{(1-\delta)[(2+\delta)^2(1-\delta)(8\varepsilon-1)^2+2\varepsilon(8+\delta)^2]}}{2(2+\delta)}。$

同理，命题 5.3（2）的证明与命题 5.3（1）的证明类似，此处省略。

命题 5.3 证毕。

命题 5.3 比较了制造商绿色产品创新努力与自主产品零售价格在情形 $\aleph = N$ 与情形 $\aleph = E$ 两种情形下的大小关系。如果供应商仿制水平较低，仿制品与自主产品的差距较大，仿制品则具有价格低廉的优势但有质量偏低的劣势，而自主产品则具有质量高、环保贡献高的优势却有价格偏高的劣势。在仿制品与自主产品差距较大时，消费者往往更倾向于购买自主产品，这是由于自主产品为消费者带来更高的效用。因此，在供应商入侵市场时，制造商将投入更多的绿色产品创新

努力以突出自主产品高质量、高绿色度的优势，过高的创新投入使得制造商不得不选择设置一个偏高的零售价格。然而，如果供应商仿制能力较强，仿制品与自主产品非常相像，则进一步导致供应商与制造商的激烈竞争。此时，存在一部分支付能力有限却又渴望拥有自主产品的消费者将转向购买仿制品，这是由于仿制品价格低廉且具有与自主产品相似的外形与性能。因此，制造商将选择降低自主产品的价格以应对竞争，并且出于降低创新成本的考虑将降低对绿色产品创新的努力。

命题 5.4 供应商批发价格策略在情形 $\aleph = N$ 与情形 $\aleph = E$ 中的关系为，在参数满足 $\dfrac{3}{8} \leq \dfrac{2(1-\alpha)^2(2+\delta)^2}{(1-\delta)(8+\delta)^2} < \varepsilon \leq \dfrac{7}{8}$ 时，若 $\alpha \in (0, \alpha_3)$，则 $\omega^{E*} > \omega^{N*}$；若 $\alpha \in (\alpha_3, 1)$，则 $\omega^{E*} < \omega^{N*}$。其中，$\alpha_3 =$

$$\frac{(2+\delta)[16\varepsilon-(1+\delta)(8\varepsilon-1)]-\sqrt{(1-\delta)\{(2+\delta)^2(1-\delta)(8\varepsilon-1)^2+2\varepsilon(8+\delta)[8\varepsilon\delta(1-\delta)+8+\delta^2]\}}}{2(2+\delta)}。$$

命题 5.4 的证明过程较为简单，此处省略。

命题 5.4 比较了供应商批发价格在情形 $\aleph = N$ 与情形 $\aleph = E$ 这两种情形下的大小关系。如果供应商仿制能力处于较低水平，仿制品与自主产品的差异较大，极小部分消费者会关注仿制品，这使得仿制品的销路受到阻碍。反而，自主产品具有质量高与环保贡献高的优势使得其销量很高，因此，供应商会选择设置一个高的批发价格以获得更多利润。

如果供应商的仿制能力处于较高水平，那么仿制品在外形、性能等方面与自主产品极度相似，反而入侵市场的供应商将选择设置一个比不入侵情形更低的批发价格策略。这听起来是有趣的结论。对于供应商来说，供应商非常清楚仿制程度很高的仿制品可以给其带来更多的收益，然而，仿制品给供应商创造的零售利润相对于批发利润而言是较低的。此外，供应商需要考虑销售仿制品的利润是否能够抵消高额的仿制成本。因此，相比之下，对供应商来说，其主要收入来源仍然是批发核心零部件给制造商。在供应商入侵市场时，制造商面对供应商的产品竞争使其不得不降低自主产品的零售价格，此时如果供应商选择一个高的批发价格，虽然制造商批发成本将会升高，供应商可以获得更高的单位批发利润，但自主产品的销量也将受到影响，供应商获得的批发利润也将下降。因此，在权衡之下，供应商将选择设置一个低于不入侵情形的批发价格策略。

命题 5.5 在情形 $\aleph=E$ 中，参数满足 $\varepsilon>\dfrac{2(1-\alpha)^2(2+\delta)^2}{(1-\delta)(8+\delta)^2}$ 时，制造商与供应商的价格策略有如下关系：$p_m^{E*}>\omega^{E*}>p_s^{E*}$。

证明：在情形 $\aleph=E$ 中，令制造商零售价格与供应商批发价格相减可得：

$$p_m^{E*}-\omega^{E*}=\frac{2\varepsilon(1-\alpha)(\alpha-\delta)(2+\delta)^2+\varepsilon^2(1-\delta)(8+\delta)(12-2\delta-\delta^2)}{2\varepsilon(1-\delta)(8+\delta)^2-4(1-\alpha)^2(2+\delta)^2}-$$

$$\frac{2\varepsilon(1-\alpha)(\alpha-\delta)(2+\delta)^2+\varepsilon^2(1-\delta)(8+\delta)(8+\delta^2)}{2\varepsilon(1-\delta)(8+\delta)^2-4(1-\alpha)^2(2+\delta)^2}$$

$$=\frac{\varepsilon^2(1-\delta)^2(2+\delta)(8+\delta)}{\varepsilon(1-\delta)(8+\delta)^2-2(1-\alpha)^2(2+\delta)^2}$$

令供应商批发价格与零售价格相减可得：

$$\omega^{E*}-p_s^{E*}=\frac{2\varepsilon(1-\alpha)(\alpha-\delta)(2+\delta)^2+\varepsilon^2(1-\delta)(8+\delta)(8+\delta^2)}{2\varepsilon(1-\delta)(8+\delta)^2-4(1-\alpha)^2(2+\delta)^2}-$$

$$\frac{2\varepsilon(1-\alpha)(\alpha-\delta)(2+\delta)^2+\varepsilon^2\delta(1-\delta)(8+\delta)(10-\delta)}{2\varepsilon(1-\delta)(8+\delta)^2-4(1-\alpha)^2(2+\delta)^2}$$

$$=\frac{\varepsilon^2(1-\delta)^2(4-\delta)(8+\delta)}{\varepsilon(1-\delta)(8+\delta)^2-2(1-\alpha)^2(2+\delta)^2}$$

由于 $\dfrac{\varepsilon^2(1-\delta)^2(2+\delta)(8+\delta)}{\varepsilon(1-\delta)(8+\delta)^2-2(1-\alpha)^2(2+\delta)^2}>0$ 且 $\dfrac{\varepsilon^2(1-\delta)^2(4-\delta)(8+\delta)}{\varepsilon(1-\delta)(8+\delta)^2-2(1-\alpha)^2(2+\delta)^2}>0$，

即得 $p_m^{E*}>\omega^{E*}>p_s^{E*}$。

命题 5.5 证毕。

命题 5.5 说明了在供应商入侵市场时，自主产品零售价格要大于仿制品零售价格。这意味着，供应商选择入侵市场，而自主产品的质量要优于仿制产品，也就是说如果仿制品在价格上不占据优势，那么消费者仅对自主产品有购买的意愿，仿制品则因不具备质量或价格优势而被消费者忽视。因此，供应商为了使仿制品拥有消费市场就必须设置一个比自主产品更低的零售价格。

特别地，命题 5.5 表明供应商的批发价格比其仿制品零售价格要高。这表示，在假设不考虑单位生产成本的前提下，供应商批发一单位核心零部件获得的利润要高于销售一单位仿制品的利润。也就是说，虽然供应商入侵市场，但是其仿制品并没有与自主产品产生同等优势。即使仿制品具有价格低廉的优势，但仿制品为消费者带来的效用远远低于自主产品为消费者带来的效用。因此，对于入侵市场的供应商来说，其主要利润来源依旧是批发贸易而不是生产并销售仿制品，供应商会选择设置一个比仿制品零售价格更高的批发价格策略，以此来保障自身利润。

特别地，本部分通过比较供应商在 $\aleph = N$ 情形与 $\aleph = E$ 情形，得出了供应商入侵市场的条件，总结于命题 5.6。

命题 5.6 参数满足 $\varepsilon > \dfrac{2(1-\alpha)^2(2+\delta)^2}{(1-\delta)(8+\delta)^2}$ 时，供应商入侵市场的充要条件是仿制成本满足 $F < \Gamma$，其中 $\Gamma = H - \dfrac{8\varepsilon^3}{(8\varepsilon-1)^2}$。

命题 5.6 的证明过程较为简单，此处省略。

特别地，以图 5-1 表示供应商是否入侵市场的均衡策略，图中涉及的参数设置为 $\varepsilon = 1$，$\delta = 0.7$。

命题 5.6 说明了供应商入侵策略的条件。图 5-1 中区域 E 表示供应商将采取入侵策略，区域 N 表示供应商将采取不入侵策略。在供应商入侵市场获得的利润比不入侵市场获得的利润高时，供应商就会采取入侵策略，即持有仿制品入侵市场与制造商竞争。

从图 5-1 可以看出，供应商入侵市场与不入侵市场两种情形之间利润的差值随着供应商仿制水平的提高而减少。这表示，供应商仿制能力越强，则其入侵市场的条件就越发苛刻。供应商的仿制成本要满足不高于利润差值的条件，供应商才会入侵市场。然而，供应商仿制水平越高，其仿制成本就越高，如供应商为了减少仿制品与自主产品之间的差距而采用了更昂贵的材料或技术。因此，仿制成本不一定能够满足供应商入侵市场的条件。也就是说，供应商仿制能力的提高降低了供应商入侵市场的可能性。

同时，当供应商仿制水平较高时，仿制品与自主产品之间的竞争非常激烈。然而，由于仿制品仅仅是仿制自主产品而没有自身独特的产品特色，对于消费者来说，购买仿制品所获得的效用要低于购买自主产品所获得的效用。因此，对入侵的供应商来说，通过销售仿制品得到的收益远远低于批发贸易带来的收益。也就是说，供应商的主要收入来源仍然是批发贸易。然而，仿制水平越高，供应商销售自主产品的利润越低，即供应商从销售仿制品得到的收益涨幅不足以抵消批发贸易的收益降幅，因此，入侵市场的供应商利润随着仿制能力的提高而降低。基于仿制成本与收入利润综合考虑，在供应商仿制能力处于较高水平时，供应商采取入侵策略的可能性较低。

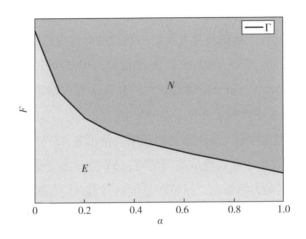

图 5-1　供应商的入侵策略（$\varepsilon = 1$, $\delta = 0.7$）

资料来源：笔者绘制。

第五节　数值模拟分析

本节将通过数值模拟分析供应链中成员的最优策略选择问题，以获得成员在不同情形下的最优策略，并且使用数值方法研究关键参数对成员策略与利润的影响，以进一步获得符合实际且颇具意义的见解。

为了使数值模拟的结果更具有效性，借鉴相关文献对参数的选取，本节将选取自主产品的产品质量水平 $\varepsilon = 1$，供应商仿制成本 $F = 0.05$。值得注意的是，仿制成本仅对供应商的入侵策略及采取入侵策略的供应商利润造成影响，因此，本节设置供应商的仿制成本为一个一般数值，为保证该设置不失一般性，即当仿制

成本 $F = 0.05$ 时，供应商的入侵策略不受仿制成本取值的限制，这意味着在某些情形下供应商可能会入侵市场；而在某些情形下由于仿制成本过高，供应商会采取不入侵市场策略。

特别地，本节关注的是供应商仿制水平 α、消费者愿意为仿制品支付的意愿 δ，这两个关键参数对成员的最优策略选择与利润的影响。仿制水平 α 与消费者购买仿制品意愿 δ 的取值分别为 0.3、0.5、0.7。本节将比较在不同情形、不同参数取值下制造商绿色产品创新努力策略、制造商与供应商定价策略与利润，并采用情形 $\aleph = N$ 与情形 $\aleph = E$ 的差值以测度衡量，即 $\Delta i = i^E - i^N$，其中 $i = x$，ω，p_m，π_m，π_s，并且 $\Delta i > 0$ 表示 i 在情形 $\aleph = E$ 中要高于在情形 $\aleph = N$ 中，而 $\Delta i < 0$ 则表示 i 在情形 $\aleph = E$ 中要低于在情形 $\aleph = N$ 中。

图 5-2 表明制造商绿色产品创新努力策略在情形 $\aleph = E$ 与情形 $\aleph = N$ 中差值的变化。图 5-2（a）说明了在 δ 选取不同值时，Δx 随 α 的变化。从图 5-2（a）中可以看出，随着仿制能力的升高，绿色产品创新努力在情形 $\aleph = E$ 与情形 $\aleph = N$ 中的差距逐渐减小。此外，在供应商仿制能力处于较低水平时，消费者愿意为仿制品买单的意愿越高，绿色产品创新努力在情形 $\aleph = E$ 与情形 $\aleph = N$ 中的差值也越大。这意味着，如果供应入侵市场且其仿制水平较低时，制造商则将加大绿色产品创新努力以凸显自主产品与仿制品之间的差距，着重体现出自主产品在质量与环保方面的优势，从而吸引更多的消费者。特别地，在消费者为仿制品买单的意愿越强烈时，制造商投入的绿色产品创新努力越高。然而，如果供应商仿制水平较高时，制造商出于降低创新成本的考虑会选择降低绿色产品创新努力至最低标准。

图 5-2（b）表明在 α 选取不同值时，Δx 随 δ 变化的情况。图 5-2（b）说明，随着消费者购买仿制品的意愿增强，绿色产品创新努力在情形 $\aleph = E$ 与情形 $\aleph = N$ 中的差距逐渐增大。此外，在消费者购买仿制品意愿处于较高水平时，供应商仿制能力越低，绿色产品创新努力在情形 $\aleph = E$ 与情形 $\aleph = N$ 中的差值越大。如果供应商采取入侵策略且消费者购买仿制品的意愿较低时，消费者从质量高的自主产品那里将获得更高的效用，即制造商会提高绿色产品创新努力水平。特别地，供应商仿制水平越低，制造商的绿色产品创新努力水平越高。然而，在消费者购买仿制品的意愿处于较高水平时，制造商对供应商仿制水平的变化更敏感，即绿色产品创新努力策略的设置与供应商仿制能力密切相关。

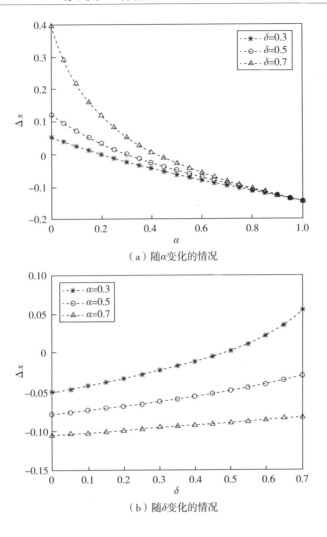

（a）随 α 变化的情况

（b）随 δ 变化的情况

图 5-2　绿色产品创新努力在情形 $\aleph=E$ 与情形 $\aleph=N$ 中差值的变化情况（$\varepsilon=1$，$F=0.05$）

资料来源：笔者绘制。

供应商批发价格策略在情形 $\aleph=E$ 与情形 $\aleph=N$ 中差值的变化在图 5-3 中体现。图 5-3（a）与图 5-3（b）中批发价格的变化趋势与图 5-2（a）与图 5-2（b）中绿色产品创新努力的变化趋势相似。这是由于，如果供应商采取入侵策略，制造商不得不调整创新策略与价格策略以同供应商竞争。制造商与供应商之间的竞争主要表现为自主产品与仿制品两者的价格竞争，因此，在供应商入侵时，制造

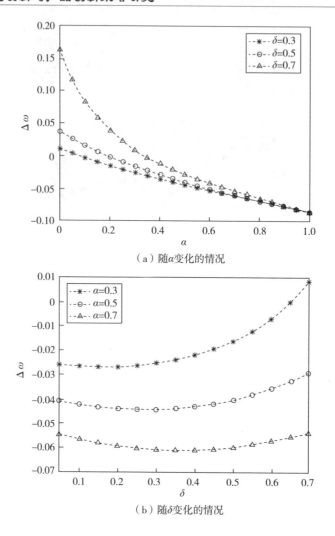

（a）随α变化的情况

（b）随δ变化的情况

图5-3　批发价格在情形$\aleph=E$与情形$\aleph=N$中差值的变化情况（$\varepsilon=1$，$F=0.05$）

资料来源：笔者绘制。

商调整创新努力策略且降低零售价格，然而，供应商也会降低其批发价格。这是一个有趣的结论。在供应商入侵之后，供应商可以通过调高批发价格来限制制造商零售价格调低的幅度，从而使仿制品价格低廉的优势更加显著。然而，供应商销售一单位仿制品所得到的收益远远低于批发一单位核心零部件给制造商所取得的收益。这意味着，对于供应商来说，其主要收益来源仍然是批发贸易而不是销售仿制品。保障制造商自主产品的销量也就是保障自身的批发利润，因此供应商将选择调低其批发价格。在图5-3（b）中，虽然随着消费者购买仿制品的意愿增强，供应商批发价格也在增加，但批发价格增加的幅度较小。这是由于消费者购买仿制品的意愿增强，供应商销售仿制品所获得的利润也在增加，因此，供应商会略微抬高批发价格以制衡制造商不能为自主产品设置过低的零售价格。值得注意的是，图5-3（b）中批发价格的增幅要远小于图5-3（a）的降幅，这意味着，如果供应商选择入侵制造商市场，则其调整批发价格策略的大趋势仍然是降低批发价格。

制造商自主产品的零售价格在情形 $\aleph = E$ 与情形 $\aleph = N$ 中差值的变化在图5-4中体现。结合上述分析，如果供应商入侵市场，制造商将会选择降低自身的零售价格策略，即自主产品零售价格随供应商仿制能力、消费者对仿制品偏好的增加而降低，如图5-4（a）与图5-4（b）所示。特别地，在图5-4（a）中可以看出，随着仿制能力的提高，消费者为仿制品支付的意愿越强烈，自主产品零售价格的降幅越显著。这表明，在供应商入侵市场时，供应商仿制能力与消费者偏好对制造商零售价格策略设置的影响极为关键。这是由于制造商与供应商之间的竞争由以产品质量竞争为主转为以产品价格竞争为主。因此，制造商不得不大幅度降低自主产品的零售价格以保障自身利润。

图5-5说明了制造商利润在情形 $\aleph = E$ 与情形 $\aleph = N$ 中差值的变化。从图5-5（a）可以看出，如果供应商入侵，制造商利润随着供应商仿制能力的增强而降低。特别在消费者较为偏好仿制品时，制造商利润降低的幅度更大。图5-5（b）说明了供应商入侵市场后，制造商利润是随着消费者对仿制品偏好程度的上升而减少。也就是说，在供应商复制水平处于较高水平时，由于仿制品与自主产品的激烈竞争，使得制造商不得不考虑以降低零售价格的方式吸引消费者。尤其在消费者购买仿制品的意愿上升时，制造商将通过大幅度降低自主产品的零售价格来确保其利润。因此，制造商应当以零售价格这一工具为主、绿色产品创新努力策略这一工具为辅来与入侵的供应商竞争。制造商应当充分利用绿色产品创新努力策略这一工具提高自主产品的质量与绿色度以把供应商入侵市场的可能性降至最低。如果自主产品质量越高，那么供应商仿制成本就越高，仿制成本提高了供应商入侵市场的门槛，因此供应商将不会选择入侵策略。

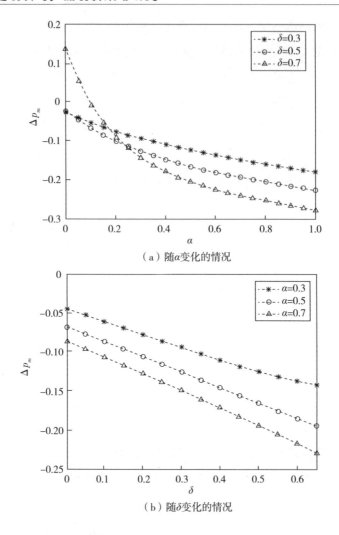

（a）随α变化的情况

（b）随δ变化的情况

图 5-4　制造商零售价格在情形 ℵ=E 与情形 ℵ=N 中差值的变化情况（ε=1，F=0.05）

资料来源：笔者绘制。

　　图 5-5（a）与图 5-5（b）的区别在于，在早期，制造商对供应商仿制能力的变化非常敏感，即制造商将在供应商提高其仿制水平的初期迅速做出反应，调整其零售价格。这意味着，在供应商仿制水平足够高时，自主产品的价格可调整的幅度就已处于较小范围。然而，在早期，制造商对消费者偏好的变化极不敏感。也就是说，在消费者购买仿制品的意愿达到一个相对较高的水平时，制造商

才会调整其零售价格策略。因此，如果供应商入侵市场，制造商将根据不同的情形来做出不同的策略调整。

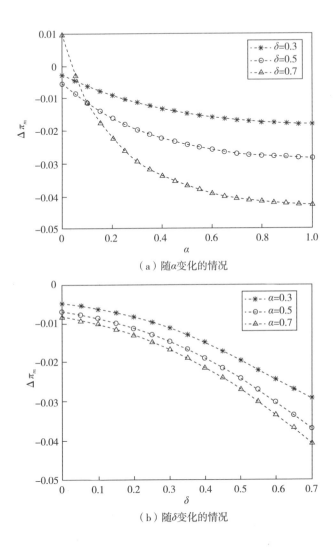

图 5-5　制造商利润在情形 $\aleph = E$ 与情形 $\aleph = N$ 中差值的变化情况（$\varepsilon = 1$，$F = 0.05$）

资料来源：笔者绘制。

图 5-6 说明了供应商利润在情形 $\aleph = E$ 与情形 $\aleph = N$ 中差值的变化。图 5-6（a）表明，采取入侵策略的供应商利润随着其仿制能力的升高而下降。在消费者更

加倾向于仿制品时，供应商利润下降的幅度更大。这意味着，仿制品的销售并没有为供应商创造利润，反而使供应商利润降低。这是由于仿制品没有自身产品特色，无法与自主产品产生同样的品牌与产品效应，不能被广大消费者认可接受，即仿制品无法为供应商创造与自主产品为制造商创造的同等收益。然而，仿制品进入市场与自主产品竞争，迫使制造商不得不选择设置一个低水平的零售价格策略，而供应商也因较低的自主产品零售价格使自身利润受损。因此，在仿制水平处于相对较高水平时，高额的仿制成本降低了供应商入侵市场的可能性。

图 5-6（b）表明，入侵市场的供应商利润随着消费者对仿制品支付意愿的升高而增加。另外，仿制水平越大，供应商利润增加的幅度就越大。也就是说，消费者为仿制品买单的意愿越大时，供应商入侵市场的可能性就越高。有趣的是，供应商可以通过调节入侵策略与仿制品零售价格策略以达到制约制造商、获益更高的目的。也就是说，供应商既可以从批发贸易那里获得利润，又可以从销售仿制品那里获得利润。在仿制能力处于较低水平且消费者更偏好仿制品时，供应商选择入侵策略可以获得比不入侵市场更高的利润。仿制品以低廉的价格、与自主产品相似的特性吸引了绝大部分对价格敏感的消费者，其挤压的是自主产品在同行业中其他竞争者的生存空间而非自主产品的市场。然而，由于拥有与自主产品在某些方面相似的功能与外形，仿制品确实带给许多渴望拥有自主产品但又对价格敏感的消费者另一种选择，这部分消费者选择了仿制品之后，自然不会考虑选择其他品牌的代替品。因此，供应商在销售仿制品的同时，也间接为自主产品进行了广告宣传，同时为自主产品制造商挤压了同行业其他竞争者的市场。甚至在部分消费者体验仿制品之后，还可能会转而购买自主产品。因此，供应商在仿制能力处于较低水平且大部分消费者更倾向购买仿制品时入侵市场，供应商与制造商将达成双赢局面。这或许可以作为解释 AirPods 不制止山寨 AirPods 销售行为的原因之一。

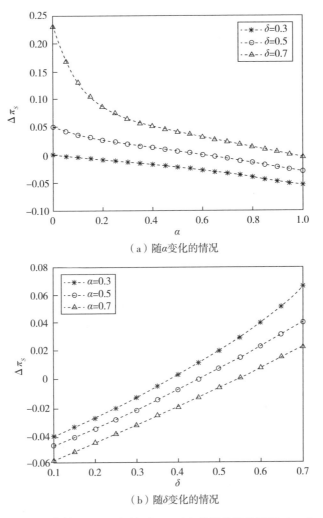

（a）随 α 变化的情况

（b）随 δ 变化的情况

图 5-6　供应商利润在情形 $\aleph = E$ 与情形 $\aleph = N$ 中差值的变化情况（$\varepsilon = 1$，$F = 0.05$）

资料来源：笔者绘制。

第六节　考虑供应商单位生产成本的扩展模型

在主模型的设置中忽略了制造商与供应商的单位生产成本，本节作为主模型的扩展模型，是在主模型的基础上纳入对供应商单位生产成本的考虑，即外包供应商在生产自主产品的某一核心零部件的单位生产成本为 c。特别地，为了使自主产品达到 ε 质量水平，供应商所使用原材料的质量均为相同的，不论供应商是否持有仿制品入侵市场。在扩展模型中，将供应商不入侵的情形记为 NC，供应商入侵市场的情形记为 EC，入侵策略用变量 Λ 表示。

一、供应商不入侵情形（$\Lambda = NC$）

对于情形 $\Lambda = NC$，需求函数与博弈次序均与情形 $\aleph = N$ 相同，供应商与制造商的利润函数为：

$$\pi_s^{NC} = (\omega^{NC} - c) D_m^{NC} \tag{5-37}$$

$$\pi_m^{NC} = (p_m^{NC} - \omega^{NC}) D_m^{NC} - \frac{1}{2}(x^{NC})^2 \tag{5-38}$$

命题 5.7 在 $\Lambda = NC$ 情形下，制造商最优的绿色产品创新努力与零售价格、供应商最优的批发价格、产品需求、制造商利润与供应商利润依次为：

$$x^{NC*} = \frac{\varepsilon - c}{8\varepsilon - 1} \tag{5-39}$$

$$p_m^{NC*} = \frac{6\varepsilon^2 + 2\varepsilon c - c}{8\varepsilon - 1} \tag{5-40}$$

$$\omega^{NC*} = \frac{4\varepsilon^2 + 4\varepsilon c - c}{8\varepsilon - 1} \tag{5-41}$$

$$D_m^{NC*} = \frac{2(\varepsilon - c)}{8\varepsilon - 1} \tag{5-42}$$

$$\pi_m^{NC*} = \frac{(\varepsilon - c)^2}{2(8\varepsilon - 1)} \tag{5-43}$$

$$\pi_s^{NC*} = \frac{8\varepsilon(\varepsilon - c)^2}{(8\varepsilon - 1)^2} \tag{5-44}$$

二、供应商入侵情形（$\Lambda = EC$）

对于情形 $\Lambda = EC$，需求函数与博弈次序均与情形 $\aleph = E$ 相同，供应商与制造商的利润函数为：

$$\pi_s^{EC} = (\omega^{EC} - c) D_m^{EC} + p_s^{EC} D_s^{EC} - F^{EC} \tag{5-45}$$

$$\pi_m^{EC} = (p_m^{EC} - \omega^{EC}) D_m^{EC} - \frac{1}{2} (x^{EC})^2 \tag{5-46}$$

命题 5.8　在 $\Lambda = EC$ 情形下，制造商最优的绿色产品创新努力与零售价格、供应商最优的批发价格与零售价格、产品需求、制造商利润与供应商利润依次为：

$$x^{EC*} = \frac{2(1-\alpha)(2+\delta)^2 [\varepsilon(1-\delta) - c]}{\varepsilon(1-\delta)(8+\delta)^2 - 2(1-\alpha)^2(2+\delta)^2} \tag{5-47}$$

$$p_m^{EC*} = \frac{2c[2\varepsilon(1-\delta)(8+\delta) - (1-\alpha)(2-\alpha)(2+\delta)^2] + \varepsilon[2(1-\alpha)(\alpha-\delta)(2+\delta)^2 + \varepsilon(1-\delta)(8+\delta)(12-2\delta-\delta^2)]}{2\varepsilon(1-\delta)(8+\delta)^2 - 4(1-\alpha)^2(2+\delta)^2} \tag{5-48}$$

$$\omega^{EC*} = \frac{2c(4+\delta) + \varepsilon(8+\delta^2)}{2(8+\delta)} + \frac{(1-\alpha)(2+\delta)^2(8+\alpha\delta)[\varepsilon(1-\delta) - c]}{(8+\delta)[\varepsilon(1-\delta)(8+\delta)^2 - 2(1-\alpha)^2(2+\delta)^2]} \tag{5-49}$$

$$p_s^{EC*} = \frac{2\alpha(2+\delta)^2 [\varepsilon(1+\delta-\alpha) - c(1-\alpha)] - \delta\varepsilon[2(2+\delta)^2 + 2c(1-\delta)(8+\delta) - \varepsilon(1-\delta)(8+\delta)(10-\delta)]}{2\varepsilon(1-\delta)(8+\delta)^2 - 4(1-\alpha)^2(2+\delta)^2} \tag{5-50}$$

$$D_m^{EC*} = \frac{(2+\delta)(8+\delta)[\varepsilon(1-\delta) - c]}{\varepsilon(1-\delta)(8+\delta)^2 - 2(1-\alpha)^2(2+\delta)^2} \tag{5-51}$$

$$D_s^{EC*} = \frac{2\alpha(2+\delta)^2 [\varepsilon(1+\delta-\alpha) - c(1-\alpha)] - \delta\varepsilon\{(2+\delta)[2(2+\delta) - \varepsilon(1-\delta)(8+\delta)] - 6c(8+\delta)\}}{2\delta\varepsilon[\varepsilon(1-\delta)(8+\delta)^2 - 2(1-\alpha)^2(2+\delta)^2]} \tag{5-52}$$

$$\pi_m^{EC*} = \frac{(2+\delta)^2 [\varepsilon(1-\delta) - c]^2}{\varepsilon(1-\delta)(8+\delta)^2 - 2(1-\alpha)^2(2+\delta)^2} \tag{5-53}$$

$$\pi_s^{EC*} = L - F^{EC} \tag{5-54}$$

其中，$L = (4\alpha c(1-\alpha)^2 (2+\delta)^4 (\alpha c - 2\alpha\varepsilon + 2\delta\varepsilon) + 4\varepsilon^2 \{\alpha^4 (2+\delta)^4 - 2\alpha^3 (1+\delta) (2+\delta)^4 + \alpha^2 (2+\delta)^2 [4 + \delta c(1-\delta)(8+\delta)^2 + \delta(4+\delta)(5+4\delta+\delta^2)] - \alpha\delta(2+\delta)^2 [2(1+\delta) (2+\delta)^2 + c(1-\delta)(8+\delta)^2] + \delta[\delta(2+\delta)^4 + c^2 (1-\delta)(8+\delta)^3]\} + \delta\varepsilon^3 (1-\delta)^2 (8+\delta)^3 [\varepsilon(2+\delta)^2 - 8c] + 4\delta\varepsilon^3 (1-\alpha)(1-\delta)(\alpha-\delta)(2+\delta)^2 (8+\delta)^2) / \{4\delta\varepsilon [\varepsilon(1-\delta)(8+\delta)^2 - 2(1-\alpha)^2(2+\delta)^2]^2\}$。

三、数值模拟分析

本部分将通过数值模拟进一步比较与分析扩展模型中情形 $\Lambda = NC$ 与情形 $\Lambda = $

EC 中供应链成员的最优策略选择问题。为了便于将扩展模型与主模型比较，本部分将选取自主产品的质量水平 $\varepsilon=1$，供应商单位生产成本 $c=0.01$，供应商仿制成本 $F=0.05$。相似地，本部分关注了两个关键参数对扩展模型中成员最优策略与利润的影响，即供应商仿制水平 α、消费者购买仿制品的意愿 δ。此外，仿制水平 α 与消费者购买仿制品意愿 δ 的取值分别为 0.3、0.5、0.7。

本部分将比较在不同情形、不同参数取值下制造商绿色产品创新努力、制造商与供应商定价策略与利润，并采用在情形 $\Lambda=EC$ 与情形 $\Lambda=NC$ 中的差值以测度衡量，即 $\Delta i_c=i_c^{EC}-i_c^{NC}$，其中 $i_c=x$，ω，p_m，π_m，π_s，并且 $\Delta i_c>0$ 表示 i_c 在情形 $\Lambda=EC$ 中要高于在情形 $\Lambda=NC$ 中，而 $\Delta i_c<0$ 则表示 i_c 在情形 $\Lambda=EC$ 中要低于在情形 $\Lambda=NC$ 中。

图 5-7 表明供应商考虑单位生产成本时的入侵策略。图 5-8、图 5-9 与图 5-10 分别显示了制造商绿色产品创新努力、零售价格与利润随参数变化的情况。图 5-11 与图 5-12 分别展示了供应商批发价格与利润随参数变化的情况。

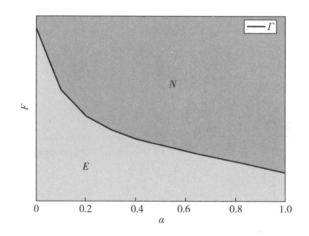

图 5-7　考虑供应商单位生产成本时的入侵策略（$\varepsilon=1$，$F=0.05$，$c=0.01$）

资料来源：笔者绘制。

四、情形 $\Lambda=NC$ 与情形 $\Lambda=EC$ 比较

在扩展模型中，基于主模型，本部分进一步考虑了外包供应商生产核心零部件的单位生产成本对供应链成员最优策略与利润的影响。从上文可以看出，供应

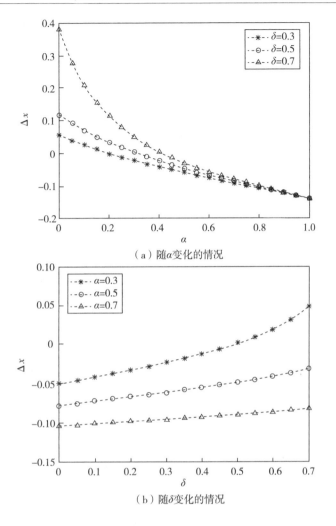

（a）随α变化的情况

（b）随δ变化的情况

图5-8 制造商绿色产品创新努力在情形$\Lambda=EC$与情形$\Lambda=NC$中
差值的变化情况（$\varepsilon=1$，$F=0.05$，$c=0.01$）

资料来源：笔者绘制。

商入侵策略、供应链成员最优策略和利润的变化趋势均与主模型保持一致。然而，如果供应商存在单位生产成本，则成员的最优策略与利润均会受到影响。也就是说，扩展模型与主模型之间仍然存在一些差异。两者的区别主要在于，供应商单位生产成本直接影响了供应商与制造商的利润与定价策略，间接影响了制造商的绿色产品创新努力策略。特别地，供应商单位生产成本的存在使得供应商入

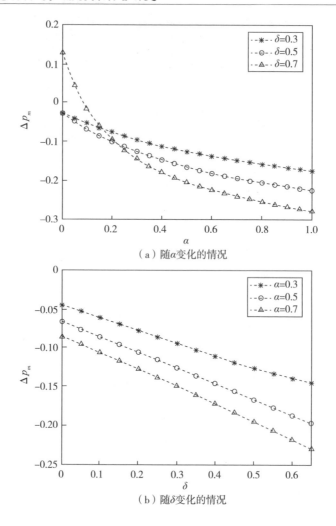

（a）随α变化的情况

（b）随δ变化的情况

图 5-9　制造商零售价格在情形 $\Lambda=EC$ 与情形 $\Lambda=NC$ 中差值的
变化情况 （$\varepsilon=1$, $F=0.05$, $c=0.01$）

资料来源：笔者绘制。

侵条件变得更加严格。这是由于单位生产成本导致供应商利润降低。

从扩展模型中也可以得出与主模型相同的结论。扩展模型得到的主要结论如下：首先，如果供应商在适当的条件下入侵市场，则供应商与制造商可以得到双赢的结果；其次，制造商应充分利用绿色产品创新努力策略与零售价格策略作为互补工具，以阻止供应商入侵市场或与入侵的供应商竞争；最后，若供应商仿制

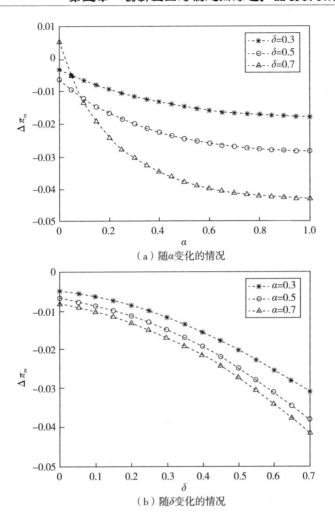

图 5-10　制造商利润在情形 $\Lambda=EC$ 与情形 $\Lambda=NC$ 中差值的

变化情况（$\varepsilon=1$，$F=0.05$，$c=0.01$）

资料来源：笔者绘制。

水平较高，那么供应商将不会选择入侵策略。如果供应商持有仿制品入侵市场，则其需要降低批发价格以保障自身利润。

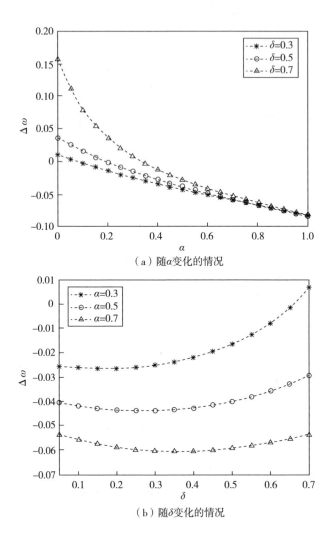

（a）随α变化的情况

（b）随δ变化的情况

图 5-11　供应商批发价格在情形 $\Lambda=EC$ 与情形 $\Lambda=NC$ 中差值的变化情况

（$\varepsilon=1$，$F=0.05$，$c=0.01$）

资料来源：笔者绘制。

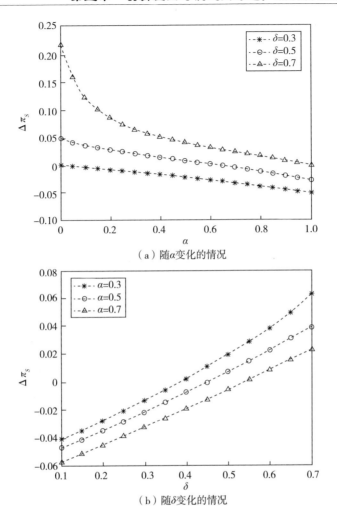

（a）随α变化的情况

（b）随δ变化的情况

图5-12　供应商利润在情形 $\Lambda=EC$ 与情形 $\Lambda=NC$ 中差值的
变化情况（$\varepsilon=1$，$F=0.05$，$c=0.01$）

资料来源：笔者绘制。

本章小结

本章考虑了一个由制造商与外包供应商组成的供应链环境，制造商将自主产

绿色工艺创新与产品创新策略研究

品的核心零部件外包给供应商生产。供应商具有仿制制造商自主产品的能力且能够建立独有的分销渠道与制造商竞争，然而，供应商将根据仿制成本的大小以决定是否入侵市场。制造商将采取绿色产品创新努力策略以提高产品质量与绿色度来防止供应商完全仿制其自主产品。本章主要研究了供应商的入侵策略及制造商如何调整并优化其绿色产品创新努力策略与定价策略以阻止供应商入侵或与入侵的供应商竞争的问题。为了解决上述问题，本章采用博弈论方法以分析供应商与制造商的决策过程。通过对模型解析解与数值模拟的分析，进一步得出如下结论：

从制造商角度出发，首先，制造商可以利用绿色产品创新努力策略作为主要工具以阻止供应商入侵。制造商可以设置较高的绿色产品创新努力策略使得自主产品的质量与环保贡献处于较高的水平，从而提高供应商入侵市场的仿制成本以阻止供应商入侵。其次，如果供应商采取入侵策略，则制造商应该以调整零售价格策略为主、绿色产品创新努力策略为辅来与供应商开展竞争。具体表现为，在供应商仿制水平较低或消费者更青睐价格低廉的仿制品时，制造商将大幅降低零售价格且选择较高水平的绿色产品创新努力策略。在供应商仿制水平高或消费者有高预期倾向购买自主产品时，制造商将小幅降低零售价格且选择较低水平的绿色产品创新努力策略。然而，值得注意的是，相较消费者产品偏好对制造商决策的影响，供应商仿制水平对制造商决策的影响非常大，而消费者对产品的偏好程度对制造商决策的影响则微乎其微。

从供应商角度出发，首先，供应商仿制自主产品的能力越强，供应商选择入侵策略的可能性越低。其次，消费者偏好会影响供应商的入侵策略，但影响程度较小。具体表现为，供应商仿制水平将影响制造商自主产品的零售价格，自主产品的价格会进一步影响供应商批发贸易的利润。对于供应商来说，在其仿制能力处于较低水平且消费者更偏好仿制品的情形下入侵市场，可以获得比不入侵情形更高的利润，同时，制造商也可以获得比供应商不入侵情形更高的利润，从而实现制造商与供应商双赢的结果。这是由于，仿制品与自主产品的市场定位不同，仿制品给了绝大部分想要拥有自主产品但对价格敏感的消费者另一种选择。供应商销售仿制品盈利的同时，也间接替自主产品进行了广告宣传并与制造商的同行业竞争者开展了竞争。部分消费者在使用了仿制品之后，甚至可能会转向购买自主产品，成为自主产品的忠实客户。因此，在上述情形下，制造商不仅不会阻碍供应商进入市场，还将与进入市场的供应商实现共赢。供应商入侵市场之后，要依据不同情形调节不同批发价格策略以达到获利目的。具体来说，在制造商零售价格大幅下降时，供应商也将大幅降低批发价格。这是由于供应商的仿制品仅有与自主产品相似的特性但并没有其独特的产品优势，无法依赖销售仿制品为其创造高额收益。无论供应商仿制能力或消费者偏好如何变化，上述结论仍然成立。因此，入侵的供应商应把握主要收入来源以保障自身利润。

从上述结论中可以提炼出一些见解：首先，管理者应充分利用绿色产品创新努力策略，这么做不仅可以突出产品特色、提高产品差异度和环保性、降低仿制品的模仿程度，还可以阻止仿制品入侵；其次，只有销售自主产品而不是仿制品才能把握主动权、创造品牌效应并获得收益。

第六章　总结与展望

第一节　总结

　　企业绿色创新工作对提升绿色供应链整体水平、增强自身经营实力与竞争力、实现供应链可持续发展、改善日益严重的环境问题都有着重要的意义与价值。因此，本书基于我国绿色供应链创新活动缺乏绿色创新机理支持的发展现状，结合创新活动中两个关键创新行为：绿色工艺创新与绿色产品创新，研究了在竞争、合作或竞合的绿色供应链环境中，制造商如何制定绿色工艺创新策略、如何制定绿色产品创新策略以合理配置稀缺资源、最大限度地发挥绿色创新效用、实现经济效益并改善环境的问题。本书在一定程度上弥补了现有文献的不足，为供应链企业的创新决策与创新活动管理提供了建议与启示。

一、研究内容与结论

　　本书第三章研究了在竞争供应链环境中，下游（零售商）应该如何决定定价策略与广告策略以面对实施绿色工艺创新的上游（制造商）和同行业竞争中的竞争者（另一个零售商），以及在下游竞争环境中制造商应该如何优化绿色工艺创新策略的问题。本章使用博弈论方法分析由一个上游制造商与两个下游零售商构成的动态供应链环境的决策过程，将问题描述为上游制造商与下游零售商之间的 Stackelberg 博弈及两个同行业零售商之间的 Nash 博弈，并运用动态规划原理求解无穷时间的微分博弈问题，得到整个状态空间下各个控制决策的最优解析解，即所得到的解析解为供应链成员决策变量的最优时间路径。通过对解析解与数值模拟结果的分析，本章发现：首先，如果制造商处于降低成本、提高产量的生产阶段，在长期经营中选择绿色工艺创新对制造商来说是最优策略。其次，制造商决定绿色工艺创新策略受到不同零售商策略和不同市场情形的影响。这是由于拥有不同广告影响力（较大/较小）的零售商占据主要市场给制造商造成的影响不同。然而，同行业竞争中拥有较小广告影响力的零售商占据主要销售市场对制造商来说是非常有利的。最后，在竞争初始具有优势的零售商不一定在同行业竞争中也具有优势；如果广告影响力处于劣势的零售商最初的市场占有比例不处于极低水平，那么在同行业竞争中可以获得优势。

本书第四章研究了在合作供应链环境中不同合作水平的研发契约模式下，制造商或零售商作为绿色产品创新策略的决策者将如何选择绿色产品创新策略与定价策略的问题。本章将问题描述为由一个上游制造商与一个下游零售商之间的 Stackelberg 博弈模型。本章考虑了两种情况：一是成本分担比例为外生变量，二是成本分担比例为内生变量。并且，在上述两种情况下研究了制造商与零售商分别作为绿色产品创新策略决策者的两种情形。通过逆序递推法求解上述四种模型，分析制造商与零售商的决策过程，并通过数值模拟以研究供应链所有成员的最优运营与营销策略，得到了以下结论：首先，供应链成员之间建立不同合作水平的契约对绿色产品创新策略造成的影响不同。在成本分担比例外生时，作为绿色产品创新策略决策者的一方如果承担低比例的创新成本，则其将制定高水平的绿色产品创新努力策略。在成本分担比例内生时，创新策略的决策者如果拥有高议价能力且承担低比例的创新成本，则其将制定高水平的绿色产品创新策略。特别地，采取越高水平的绿色产品创新策略不一定使所有供应链成员均获益。其次，成员之间合作水平的提高削弱了制造商或零售商制定绿色产品创新策略的绝对优势，并且提高成员之间的合作水平可以使供应链渠道更加协调，出现制造商与零售商两者双赢的结果。最后，成员之间的合作水平会影响制造商与零售商双赢结果的出现。在合作水平低时，制造商与零售商之间不会出现双赢结果，但是可以通过设置利润转让合同，以使某一方成员选择使整个供应链都获益的模式，这样便可出现双赢的结果。在合作水平高时，制造商与零售商之间有双赢结果的出现，双赢区域的大小仅与额外单位生产成本与市场需求密切相关。

第五章研究了在竞合供应链环境中外包供应商如何制定入侵策略，以及制造商如何设置绿色产品创新策略与定价策略以阻止供应商入侵，或者又是如何制定创新策略与定价策略与入侵供应商竞争或达成双赢的问题。特别地，本章考虑了制造商采用绿色产品创新策略以提高自主产品的差异化程度与绿色度，进而防止供应商仿制其产品的情形。本章采用博弈论方法分析供应商与制造商的决策过程。首先，本章分析了外包供应商不入侵市场，仅为制造商提供核心零部件的情形。其次，本章分析了外包供应商既入侵市场，又为制造商提供核心零部件的情形。通过逆序递推法求解上述两种模型情形，分析两种情形中制造商与外包供应商的决策过程，进一步通过数值模拟分析供应链成员的最优策略选择问题，得到的结论如下：一是本章发现在大多数情形下供应商入侵会损害制造商的利益。然而，有趣的是，如果供应商在仿制水平低且消费者更青睐价格低廉仿制品的情形下入侵，可以实现供应商与制造商双赢的结果。二是绿色产品创新既可以作为制造商的主要工具以阻止仿制品入侵，还可以提高制造商产品的差异度与环保性。制造商可以通过设置较高的绿色产品创新策略使得自主产品的质量与环保贡献处于较高的水平，从而提高供应商入侵市场的仿制成本。三是如果供应商的仿制水平越高，那么供应商入侵市场的可能性越低。此外，本章还对主模型进行了扩展研究，进一步将供应商单位生产成本纳入考虑范围，扩展模型的结果表明上述结论依然成立，验证了主模型具有稳健性。

二、启示

本书从符合实际的供应链管理角度出发，将上述研究结论提炼并升华，为供应链企业的创新决策与创新活动管理提供了建议与启示：

（1）对于管理者来说，在产品成熟阶段可以考虑实施绿色工艺创新策略，在制定绿色工艺创新策略时要考虑上、下游的策略及所处供应链的环境。

（2）对于管理者来说，要充分利用广告与定价"武器"以应对同行业竞争，即使在竞争初始时处于竞争优势地位。

（3）上游制造商与下游零售商可以加大彼此之间的研发合作力度，以提高绿色产品创新的有效性，避免无效创新。特别地，制造商与零售商可通过掌握更熟练的绿色清洁生产技术以降低额外单位生产成本，并加大绿色产品宣传力度，从而提高消费者对绿色产品的关注与偏好，进一步促进上游与下游之间出现双赢的结果。

（4）管理者应充分利用绿色产品创新策略，这样不仅可以增强产品特色、提高产品差异度和环保性、降低仿制品的模仿程度，还可以阻止仿制品入侵。特别地，只有销售自主产品而不是仿制品才能把握主动权，从而创造企业品牌效应并达到获益目的。

第二节　研究展望

本书对制造商在竞争、合作或竞合的绿色供应链环境中，如何制定绿色工艺创新策略、如何选择绿色创新研发合作水平及如何制定绿色产品创新策略的问题进行了深入探讨与研究，并取得了一些研究成果。然而，本书仍存在一些值得进一步完善的地方，未来研究工作可以从以下几个方面进行拓展与深化：

（1）本书仅考虑了两个下游同行业之间的竞争对上游绿色工艺创新策略的影响，未来的研究可以考虑在其中一个零售商与上游制造商之间建立研发合作的前提下，进一步探讨上游制定绿色工艺创新策略将如何被下游同行业竞争所影响。

（2）本书通过构建动态博弈模型将制造商绿色工艺创新过程作为动态演化并进一步研究了制造商对绿色工艺创新策略的决策问题，未来的研究可以考虑多个决策者、多个动态演化过程将如何影响供应链成员对绿色工艺创新策略的决定问题。

（3）本书在考虑了成本分担契约的基础上，研究了供应链成员之间不同合作水平将如何影响成员对绿色产品创新策略的决定问题，未来的研究可以考虑其他形式的研发合作契约，如收益共享契约、两部收费契约或者质量依赖的价格契约等。

（4）本书研究了制造商或零售商单独作为创新策略的决策者的情形，未来的研究可以考虑制造商与零售商共同作为创新策略的决策者的情形，以研究成员之间不同合作水平与创新策略之间的交互作用。

（5）本书仅从供应链成员决策与成员之间竞争或合作的角度研究了各因素对绿色工艺创新策略与绿色产品创新策略的影响，未来的研究可以将政府、消费者剩余或者社会福利纳入考虑范围，以进一步研究政府为企业提供创新补贴对企业绿色工艺创新策略与绿色产品创新策略的影响。

参考文献

[1] Acs Z J, Anselin L, Varga A. Patents and innovation counts as measures of regional production of new knowledge [J]. Research Policy, 2002, 31 (7): 1069-1085.

[2] Adner R, Levinthal D. Demand heterogeneity and technology evolution: Implications for product and process innovation [J]. Management Science, 2001, 47 (5): 611-628.

[3] Albino V, Carbonara N, Giannoccaro I. Supply chain cooperation in industrial districts: A simulation analysis [J]. European Journal of Operational Research, 2007, 177 (1): 261-280.

[4] Amore M D, Bennedsen M. Corporate governance and green innovation [J]. Journal of Environmental Economics and Management, 2016, 75 (1): 54-72.

[5] Anderson S P, Regis R. Comparative advertising: Disclosing horizontal match information [J]. The RAND Journal of Economics, 2009, 40 (3): 558-581.

[6] Arrow K J. Economic welfare and the allocation of resources for inventions [M]. California: RAND Corporation, 1959.

[7] Ayhan M B, Oztemel E, Aydin M E, et al. A quantitative approach for measuring process innovation: A case study in a manufacturing company [J]. International Journal of Production Research, 2013, 51 (11): 3463-3475.

[8] Bai Q, Chen M, Xu L. Revenue and promotional cost-sharing contract versus two-part tariff contract in coordinating sustainable supply chain systems with deterio-

rating items [J]. International Journal of Production Economics, 2017, 187: 85-101.

[9] Bai Q, Gong Y, Jin M, et al. Effects of carbon emission reduction on supply chain coordination with vendor-managed deteriorating product inventory [J]. International Journal of Production Economics, 2019 (208): 83-99.

[10] Barigozzi F, Garella P G, Peitz M. With a little help from my enemy: Comparative advertising as a signal of quality [J]. Journal of Economics and Management Strategy, 2009, 18 (4): 1071-1094.

[11] Beise M, Rennings K. Lead markets and regulation: A framework for analyzing the international diffusion of environmental innovations [J]. Ecological Economics, 2005, 52 (1): 5-17.

[12] Bensoussan A, Chen S, Sethi S P. The maximum principle for global solutions of stochastic Stackelberg differential games [J]. SIAM Journal on Control and Optimization, 2015, 53 (4): 1956-1981.

[13] Bhaskaran S R, Krishnan V. Effort, revenue, and cost sharing mechanisms for collaborative new product development [J]. Management Science, 2009, 55 (7):1152-1169.

[14] Braun E, Wield D. Regulation as a means for the social control of technology [J]. Technology Analysis and Strategic Management, 1994, 6 (3): 259-272.

[15] Bustinza O F, Gomes E, Vendrell-Herrero F, et al. Product-service innovation and performance: The role of collaborative partnerships and R&D intensity [J]. R&D Management, 2019, 49 (1): 33-45.

[16] Cachon G P, Lariviere M A. Supply chain coordination with revenue-sharing contracts: Strengths and limitations [J]. Management Science, 2005, 51 (1): 30-44.

[17] Chakraborty T, Chauhan S S, Ouhimmou M. Cost-sharing mechanism for product quality improvement in a supply chain under competition [J]. International Journal of Production Economics, 2019, 208 (2): 566-587.

[18] Chan H K, Yee R W Y, Dai J, et al. The moderating effect of environmental dynamism on green product innovation and performance [J]. International Journal of Production Economics, 2016 (181): 384-391.

[19] Chen C. Design for the environment: A quality−based model for green product development [J]. Management Science, 2001, 47 (2): 250-63.

[20] Chen J, Liang L, Yao D Q, et al. Price and quality decisions in dual−channel supply chains [J]. European Journal of Operational Research, 2017, 259 (3): 935-948.

[21] Chen Y S, Lai S B, Wen C T. The influence of green innovation performance on corporate advantage in Taiwan [J]. Journal of Business Ethics, 2006, 67 (4):331-339.

[22] Chen Y S. The driver of green innovation and green image−green core competence [J]. Journal of Business Ethics, 2008, 81 (3): 531-543.

[23] Cherrafi A, Garza−Reyes J A, Kumar V, et al. Lean, green practices and process innovation: A model for green supply chain performance [J]. International Journal of Production Economics, 2018 (206): 79-92.

[24] Chintagunta P K, Vilcassim N J. An empirical investigation of advertising strategies in a dynamic duopoly [J]. Management Science, 1992, 38 (9): 1230-1244.

[25] Choi T M. Biockchain−technology−supported platforms for diamond authentication and certification in luxury supply chains [J]. Transportation Research, 2019, 128 (8): 17-29.

[26] Chutani A, Sethi S P. Dynamic cooperative advertising under manufacturer and retailer level competition [J]. European Journal of Operational Research, 2018, 268 (2): 635-652.

[27] Cooper R G. The drivers of success in new−product development [J]. Industrial Marketing Management, 2019, 76 (1): 36-47.

[28] Cuerva M C, Triguero−Cano A, Corcoles D. Drivers of green and non−green innovation: Empirical evidence in Low−Tech SMEs [J]. Journal of Cleaner Production, 2013, 68 (2): 104-113.

[29] Cui Q. Quality investment, and the contract manufacturer's encroachment [J]. European Journal of Operational Research, 2019, 279 (2): 407-418.

[30] Dai R, Zhang J, Tang W. Cartelization or cost-sharing? Comparison of cooperation modes in a green supply chain [J]. Journal of Cleaner Production, 2017 (156): 159-173.

[31] Dai R, Zhang J. Green process innovation and differentiated pricing strategies with environmental concerns of South – North markets [J]. Transportation Research, 2017 (2): 132-150.

[32] Damanpour R, Gopalakrishnan S. The dynamics of the adoption of product and process innovations in organizations [J]. Journal of Management Studies, 2001, 38 (1): 45-66.

[33] Dangelico R M, Pujari D. Mainstreaming green product innovation: Why and how companies integrate environmental sustainability [J]. Journal of Business Ethics, 2010, 95 (3): 471-486.

[34] Dangelico R M. Green product innovation: Where we are and where we are going [J]. Business Strategy and the Environment, 2016, 25 (8): 560-576.

[35] Das S R, Joshi M P. Process innovativeness in technology services organizations: Roles of differentiation strategy, operational autonomy and risk-taking propensity [J]. Journal of Operations Management, 2007, 25 (3): 643-660.

[36] Driessen P H, Hillebrand B, Kok R, et al. Green new product development: The pivotal role of product greenness [J]. IEEE Transactions on Engineering Management, 2013, 60 (2): 315-326.

[37] Du X, Zhan H, Zhu X, et al. The upstream innovation with an overconfident manufacturer in a supply chain [J]. Omega, 2021, 105 (9): No. 102497.

[38] Duan Y, Cao G, Edwards J S. Understanding the impact of business analytics on innovation [J]. European Journal of Operational Research, 2020, 281 (3): 673-686.

[39] Dugoua E, Dumas M. Green product innovation in industrial networks: A theoretical model [J]. Journal of Environmental Economics and Management, 2021, 107: No. 102420.

[40] Erickson G M. A differential game model of the marketing-operations inter-

face [J]. European Journal of Operational Research, 2011, 211 (2): 394-402.

[41] Galbreath J. Drivers of green innovations: The impact of export intensity, women leaders, and absorptive capacity [J]. Journal of Business Ethics, 2019, 158 (5): 47-61.

[42] Ge Z, Hu Q, Xia Y. Firms' R&D cooperation behavior in a supply chain [J]. Production and Operations Management, 2014, 23 (4): 599-609.

[43] Ghisetti C, Rennings K. Environmental innovations and profitability: How does it pay to be green? An empirical analysis on the German innovation survey [J]. Journal of Cleaner Production, 2014, 75 (15): 106-117.

[44] Ghosh D, Shah J. Supply chain analysis under green sensitive consumer demand and cost sharing contract [J]. International Journal of Production Economics, 2015, 164 (6): 319-329.

[45] Giovanni P D, Zaccour G. Optimal quality improvements and pricing strategies with active and passive product returns [J]. Omega, 2019, 88 (1): 248-262.

[46] Girotra K, Terwiesch C, Ulrich K T. Idea generation and the quality of the best idea [J]. Management Science, 2010, 56 (4): 591-605.

[47] Gmelin H, Seuring S. Achieving sustainable new product development by integrating product life-cycle management capabilities [J]. International Journal of Production Economics, 2014, 154 (4): 166-177.

[48] Guan X, Pun H, Yuan M, et al. Strategic communication in a supply chain with copycat threat [R]. 2019.

[49] Guo L L, Qu Y, Tseng M L. The interaction effects of environmental regulation and technological innovation on regional green growth performance [J]. Journal of Cleaner Production, 2017, 162 (20): 894-902.

[50] Guoyou Q, Saixing Z, Chiming T, et al. Stakeholders' influences on corporate green innovation strategy: A case study of manufacturing firms in China [J]. Corporate Social Responsibility and Environmental Management, 2013, 20 (1): 1-14.

[51] Gupta S, Loulou R. Process innovation, product differentiation, and chan-

nel structure: Strategic incentives in a duopoly [J]. Marketing Science, 1998, 17 (4): 301-316.

[52] Ha A, Long X, Nasiry J. Quality in supply chain encroachment [J]. Manufacturing and Service Operations Management, 2016, 18 (2): 280-298.

[53] He X, Prasad A, Sethi S P. Cooperative advertising and pricing in a dynamic stochastic supply chain: Feedback Stackelberg strategies [J]. Production and Operations Management, 2009, 18 (1): 78-94.

[54] Hojnik J, Ruzzier M. The driving forces of process eco-innovation and its impact on performance: Insights from Slovenia [J]. Journal of Cleaner Production, 2016, 133 (1): 812-825.

[55] Hong Z, Guo X. Green product supply chain contracts considering environmental responsibilities [J]. Omega, 2019, 83 (3): 155-166.

[56] Horbach J, Christian R, Klaus R. Determinants of eco-innovations by type of environmental impact: The role of regulatory push / pull, technology push and market pull [J]. Ecological Economics, 2012, 78 (32): 112-122.

[57] Hosseini-Motlagh S M, Govindan K, Nematollahi M, et al. An adjustable bi-level wholesale price contract for coordinating a supply chain under scenario-based stochastic demand [J]. International Journal of Production Economics, 2019, 214: 175-195.

[58] Hou P, Zhen Z, Pun H. Combating copycatting in the luxury market with fighter brands [J]. Transportation Research, 2020, 140 (10): No. 102009.

[59] Huang J W, Li Y H. Green innovation and performance: The view of organizational capability and social reciprocity [J]. Journal of Business Ethics, 2017, 145 (2): 1-16.

[60] Iyer G, Soberman D A. Social responsibility and product innovation [J]. Marketing Science, 2016, 35 (5): 727-742.

[61] Jain S, Ramdas K. Up or out-or stay put? Product positioning in an evolving technology environment [J]. Production and Operations Management, 2005, 14 (3): 362-376.

［62］Jakobsen S, Clausen T H. Innovating for a greener future: The direct and indirect effects of firms' environmental objectives on the innovation process ［J］. Journal of Cleaner Production, 2016, 128 (1): 131-141.

［63］Jansson J. Consumer eco-innovation adoption: Assessing attitudinal factors and perceived product characteristics ［J］. Business Strategy and the Environment, 2011, 20 (3): 192-210.

［64］Jiang B, Narasimhan C, Turut O. Anticipated regret and product innovation ［J］. Management Science, 2016, 63 (12): 3999-4446.

［65］Jørgensen S, Gromova E. Sustaining cooperation in a differential game of advertising goodwill accumulation ［J］. European Journal of Operational Research, 2016, 254 (1): 294-303.

［66］Jørgensen S, Sigue S P, Zaccour G. Dynamic cooperative advertising in a channel ［J］. Journal of Retailing, 2000, 76 (1): 71-92.

［67］Jørgensen S, Zaccour G. A survey of game-theoretic models of cooperative advertising ［J］. European Journal of Operational Research, 2014, 237 (1): 1-14.

［68］Kammerer D. The effects of customer benefit and regulation on environmental product innovation: Empirical evidence from appliance manufactures in Germany ［J］. Ecological Economics, 2009, 68 (8-9): 2285-2295.

［69］Kam-Sing Wong S. The influence of green product competitiveness on the success of green product innovation: Empirical evidence from the Chinese electrical and electronics industry ［J］. European Journal of Innovation Management, 2013, 15 (4): 468-490.

［70］Karray S, Zaccour G. Could co-op advertising be a manufacturer's counter-strategy to store brands? ［J］. Journal of Business Research, 2006, 59 (9): 1008-1015.

［71］Kassinis G I, Soteriou A C. Greening the service profit chain: The impact of environmental management practices ［J］. Production and Operations Management, 2003, 12 (3): 386-403.

［72］Kunapatarawong R, Martinez-Ros E. Towards green growth: How does green innovation affect employment? [J]. Research Policy, 2016, 45 (6): 1218-1232.

[73] Lee H L, Schmidt G. Using value chains to enhance innovation [J]. Production and Operations Management, 2016, 26 (4): 617-632.

[74] Lee K H, Kim J W. Integrating suppliers into green product innovation development: An empirical case study in the semiconductor industry [J]. Business Strategy and the Environment, 2011, 20 (8): 527-538.

[75] Li S, Ni J. A dynamic analysis of investment in process and product innovation with learning-by-doing [J]. Economics Letters, 2016, 145, 104-108.

[76] Li S. Dynamic control of a multiproduct monopolist firm's product and process innovation [J]. Journal of the Operational Research Society, 2017, 69 (5): 714-733.

[77] Li T, Sethi S P, He X. Dynamic pricing, production, and channel coordination with stochastic learning [J]. Production and Operations Management, 2015, 24 (6): 857-862.

[78] Li Z, Gilbert S M, Lai G. Supplier encroachment under asymmetric information [J]. Management Science, 2013, 60 (2): 449-462.

[79] Liang C, Cakanyildirim M, Sethi S P. Can strategic customer behavior speed up product innovation? [J]. Production and Operations Management, 2018, 27 (8): 1516-1533.

[80] Lin R J, Tan K H, Geng Y. Market demand, green product innovation, and firm performance: Evidence from Vietnam motorcycle industry [J]. Journal of Cleaner Production, 2013 (40): 101-107.

[81] Liu Y, Zhang J, Zhang S, et al. Prisoner's dilemma on behavioral choices in the presence of sticky prices: Farsightedness vs. myopia [J]. International Journal of Production Economics, 2017, 191 (9): 128-142.

[82] Ma P, Shang J, Wang H. Enhancing corporate social responsibility: Contract design under information asymmetry [J]. Omega: The International Journal of Management Science, 2017 (67): 19-30.

［83］ Ma S, He Y, Gu R, et al. Sustainable supply chain management considering technology investments and government intervention ［J］. Transportation Research, 2021 (149): 102290.

［84］ Martin-Herran G, Taboubi S, Zaccour G. Dual role of price and myopia in a marketing channel ［J］. European Journal of Operational Research, 2012, 219 (2): 284-295.

［85］ Melander L. Achieving sustainable development by collaborating in green product innovation ［J］. Business Strategy and the Environment, 2017, 26 (8): 1095-1109.

［86］ Moyano-Fuentes J, Maqueira-Marín J M, Bruque-Cámara S. Process innovation and environmental sustainability engagement: An application on technological firms ［J］. Journal of Cleaner Production, 2018 (171): 844-856.

［87］ Murali K, Lim M K, Petruzzi N C. The effects of ecolabels and environmental regulation on green product development ［J］. Manufacturing and Service Operations Management, 2019, 21 (3): 519-535.

［88］ Nash Jr J F. The Bargaining Problem ［J］. Econometrica, 1950, 18 (2):155-162.

［89］ Nouri M, Hosseini-Motlagh S M, Nematollahi M, et al. Coordinating manufacturer's innovation and retailer's promotion and replenishment using a compensation-based wholesale price contract ［J］. International Journal of Production Economics, 2018 (198): 11-24.

［90］ OECD. Sustainable manufacturing and eco-innovation: Towards a green economy ［R］. 2009.

［91］ Oersdemir A, Kemahlioglu-Ziya E, Parlaktuerk A K. Competitive quality choice and remanufacturing ［J］. Production and Operations Management, 2014, 23 (1): 48-64.

［92］ Papinniemi J. Creating a model of process innovation for reengineering of business and manufacturing ［J］. International Journal of Production Economics, 1999 (60-61): 95-101.

［93］Porter M L. Green and competitive ［J］. Harvard Business Review, 1995, 73 (5): 120-134.

［94］Pun H, DeYong G D. Competing with copycats when customers are strategic ［J］. Manufacturing and Service Operations Management, 2017, 19 (3): 403-418.

［95］Pun H, Ghamat S. The value of partnership under competition: When competitors may be R&D joint-venture and supply-chain partners for a critical component ［J］. International Journal of Production Economics, 2016, 177 (7): 1-11.

［96］Purtik H, Zimmerling E, Welpe IM. End-users as co-developers for novel green products and services-an exploratory case study analysis of the innovation process in incumbent firms ［J］. Journal of Cleaner Production, 2016, 162 (20): 51-58.

［97］Qu J L, Hu B Y. Optimization and coordination of supply chain with revenue sharing contracts under supply and demand uncertainty ［J］. Journal of University of Electronic Science and Technology of China, 2017, 19 (4): 57-61.

［98］Raz G, Druehl C T, Blass V. Design for the environment: Life-cycle approach using a newsvendor model ［J］. Production and Operations Management, 2013, 22 (4): 940-957.

［99］Reimann M, Xiong Y, Zhou Y. Managing a closed-loop supply chain with process innovation for remanufacturing ［J］. European Journal of Operational Research, 2019, 276 (2): 510-518.

［100］Rennings K. Redefining innovation-eco-innovation research and the contribution from ecological economics ［J］. Ecological Economics, 2000, 32 (2): 319-332.

［101］Roma P, Perrone G. Cooperation among competitors: A comparison of cost-sharing mechanisms ［J］. International Journal of Production Economics, 2016 (180): 172-182.

［102］Rothwell R. Towards the fifth-generation innovation process ［J］. International Marketing Review, 1994, 11 (1): 7-31.

［103］Schiederig T, Tietze F, Herstatt C. Green innovation in technology and innovation management-An exploratory literature review ［J］. R&D Management, 2012,

42 (2): 180-192.

[104] Schilling M A. Technology shocks, technological collaboration, and innovation outcomes [J]. Organization Science, 2015, 26 (3): 668-686.

[105] Shu C L, Zhou K Z, Xiao Y Z. How green management influences product innovation in China: The role of institutional benefits [J]. Journal of Business Ethics, 2016, 133 (3): 471-485.

[106] Song J, Chutani A, Dolgui A, et al. Dynamic innovation and pricing decisions in a supply-chain [J]. Omega, 2021, 103 (2): No. 102423.

[107] Song J, Li F, Wu D D, et al. Supply chain coordination through integration of innovation effort and advertising support [J]. Applied Mathematical Modelling, 2017, 49 (9): 108-123.

[108] Song W, Wang G Z, Ma X. Environmental innovation practices and green product innovation performance: A perspective from organizational climate [J]. Sustainable Development, 2020, 28 (1): 224-234.

[109] Tang M, Walsh G, Lerner D, et al. Green innovation, managerial concern and firm performance: An empirical study [J]. Business Strategy and the Environment, 2018, 27 (1): 39-51.

[110] Tang S Y, Kouvelis P. Supplier diversification strategies in the presence of yield uncertainty and buyer competition [J]. Manufacturing and Service Operations Management, 2011, 13 (4): 439-451.

[111] Tobias S, Martin W, Spyros A, et al. How different policy instruments affect green product innovation: A differentiated perspective [J]. Energy Policy, 2018 (114): 245-261.

[112] Utterback J M, Abernathy W J. A dynamic model of Process and product innovation [J]. Omega, 1975, 3 (6): 639-656.

[113] Velden N, Kuusk K, Köehler A R. Life cycle assessment and eco-design of smart textiles: The importance of material selection demonstrated through e-textile product redesign [J]. Materials and Design, 2015, 84 (5): 313-324.

[114] Viscolani B, Zaccour G. Advertising strategies in a differential game with

negative competitor's interference [J]. Journal of Optimization Theory and Applications, 2009, 140 (1): 153-170.

[115] Wang J, Shin H. The impact of contracts and competition on upstream innovation in a supply chain [J]. Production and Operations Management, 2015, 24 (1): 134-146.

[116] Wang Y, Lin J, Choi T M. Gray market and counterfeiting in supply chains: A review of the operations literature and implications to luxury industries [J]. Transportation Research, 2020, 133 (1): 101823.

[117] Wang Y, Wang X, Chang S, et al. Product innovation and process innovation in a dynamic Stackelberg game [J]. Computers and Industrial Engineering, 2019, 130 (4): 395-403.

[118] Wei L, Zhu R, Yuan C. Embracing green innovation via green supply chain learning: The moderating role of green technology turbulence [J]. Sustainable Development, 2020, 28 (1): 155-168.

[119] Wong C Y, Boon-Itt S, Wong C W. The contingency effects of environmental uncertainty on the relationship between supply chain integration and operational performance [J]. Journal of Operations Management, 2011, 29 (6): 604-615.

[120] Wong C Y, Wong C W Y, Boon-Itt S. Effects of green supply chain integration and green innovation on environmental and cost performance [J]. International Journal of Production Research, 2020, 58 (5): 1-21.

[121] Wu X, Zhang F. Home or overseas? An analysis of sourcing strategies under competition [J]. Management Science, 2014, 60 (5): 1223-1240.

[122] Xie J, Neyret A. Co-op advertising and pricing models in manufacturer-retailer supply chains [J]. Computers and Industrial Engineering, 2009, 56 (4): 1375-1385.

[123] Xie X, Huo J, Qi G Y, et al. Green process innovation and financial performance in emerging economies: Moderating effects of absorptive capacity and green subsidies [J]. IEEE Transactions on Engineering Management, 2016, 63 (1): 1-12.

[124] Xie X, Zhu Q, Wang R. Turning green subsidies into sustainability: How green process innovation improves firms' green image [J]. Business Strategy and the Environment, 2019, 28 (7): 1416-1433.

[125] Xu X, He P, Xu H, et al. Supply chain coordination with green technology under cap-and-trade regulation [J]. International Journal of Production Economics, 2017, 183: 433-442.

[126] Yalabik B, Fairchild R J. Customer, regulatory, and competitive pressure as drivers of environmental innovation [J]. International Journal of Production Economics, 2011, 131 (2): 519-27.

[127] Yan R. Cooperative advertising, pricing strategy and firm performance in the e-marketing age [J]. Journal of the Academy of Marketing Science, 2010, 38 (4): 510-519.

[128] Yan Y, Zhao R, Lan Y. Moving sequence preference in coopetition outsourcing supply chain: Consensus or conflict [J]. International Journal of Production Economics, 2019, 208 (2): 221-240.

[129] Yang D, Xiao T. Pricing and green level decisions of a green supply chain with governmental interventions under fuzzy uncertainties [J]. Journal of Cleaner Production, 2017, 149 (C): 1174-1187.

[130] Yang L, Zhang Q, Ji J. Pricing and carbon emission reduction decisions in supply chains with vertical and horizontal cooperation [J]. International Journal of Production Economics, 2017 (191): 286-297.

[131] Yenipazarli A. To collaborate or not to collaborate: Prompting upstream eco-efficient innovation in a supply chain [J]. European Journal of Operational Research, 2017, 260 (2): 571-587.

[132] Yu X, Lan Y, Zhao R. Strategic green technology innovation in a two-stage alliance: Vertical collaboration or co-development? [J]. Omega, 2019, 98 (2): 102116.

[133] Zhang G P, Yu J, Xia Y. The payback of effective innovation programs: Empirical evidence from firms that have won innovation awards [J]. Production and

Operations Management, 2015, 23 (8): 1401-1420.

[134] Zhang J, Li S, Zhang S, et al. Manufacturer encroachment with quality decision under asymmetric demand information [J]. European Journal of Operational Research, 2019, 273 (1): 217-236.

[135] Zhang Q, Tang W S, Zhang J X. Green supply chain performance with cost learning and operational inefficiency effects [J]. Journal of Cleaner Production, 2016, 112 (4): 3267-3284.

[136] Zhao Y, Feng T, Shi H. External involvement and green product innovation: The moderating role of environmental uncertainty [J]. Business Strategy and the Environment, 2018, 27 (8): 1167-1180.

[137] Zhou Y W, Li J, Zhong Y. Cooperative advertising and ordering policies in a two – echelon supply chain with risk – averse agents [J]. Omega, 2017, 75 (3):97-117.

[138] Zhu W, He Y. Green product design in supply chains under competition [J]. European Journal of Operational Research, 2017, 258 (1): 165-180.

[139] 白春光, 唐家福. 制造—销售企业绿色供应链合作博弈分析 [J]. 系统工程学报, 2017 (6): 818-828.

[140] 柏群, 杨云. 组织冗余资源对绿色创新绩效的影响——基于社会责任的中介作用 [J]. 财经科学, 2020 (12): 96-106.

[141] 毕克新, 丁晓辉, 冯英浚. 制造业中小企业工艺创新及测度评价现状和发展趋势研究综述 [J]. 科研管理, 2002 (6): 125-133.

[142] 毕克新, 杨朝均, 黄平. FDI 对我国制造业绿色工艺创新的影响研究——基于行业面板数据的实证分析 [J]. 中国软科学, 2011 (9): 172-180.

[143] 蔡宁, 葛朝阳. 绿色技术创新与经济可持续发展的宏观作用机制 [J]. 浙江大学学报 (人文社会科学版), 2000 (3): 51-56.

[144] 曹柬, 吴晓波, 周根贵, 等. 制造企业绿色产品创新与扩散过程中的博弈分析 [J]. 系统工程学报, 2012 (5): 617-625.

[145] 曹宁, 王若虹. 中国能效标识制度实施概况 [J]. 制冷与空调, 2009 (1): 9-14.

［146］曹裕，韦盼盼，李青松.竞合供应链的采购与质量决策研究［J］.中国管理科学，2021（8）：183-194.

［147］陈敬贤，梁樑.外包环境下考虑产品质量的 OEM 采购战略决策［J］.管理科学学报，2018（9）：38-49.

［148］陈婷，侯文华.考虑不同外包策略以及专利保护的竞合企业技术许可决策［J］.管理工程学报，2021（3）：105-118.

［149］迟春洁，吴耀杰.环境规制对工艺创新、产品创新影响的实证［J］.统计与决策，2020，36（2）：174-178.

［150］傅建华，张莉，程仲鸣.产品替代程度、知识共享与企业合作 R&D［J］.管理工程学报，2016（1）：1-8.

［151］甘德建，王莉莉.绿色技术和绿色技术创新——可持续发展的当代形式［J］.河南社会科学，2003（2）：22-25.

［152］何兴平.iPhone 制造外包模式下的苹果公司供应链管理研究［D］.天津：天津大学硕士学位论文，2014.

［153］胡忠瑞.绿色技术创新与企业的可持续发展［J］.企业技术开发，2006（11）：92-94.

［154］黄波，孟卫东，李宇雨.基于纵向溢出的供应链上、下游企业 R&D 合作研究［J］.科技管理研究，2008（6）：477-479.

［155］黄细江.图形用户界面外观设计保护新论——苹果诉三星案引发的思考［J］.苏州大学学报（法学版），2017（3）：80-92.

［156］惠岩岩.我国绿色技术创新实践研究［D］.郑州：中原工学院硕士学位论文，2018.

［157］姜意强.苹果公司研发质量管理的研究［D］.南京：南京大学硕士学位论文，2014.

［158］姜雨峰，田虹.绿色创新中介作用下的企业环境责任、企业环境伦理对竞争优势的影响［J］.管理学报，2014（8）：1191-1198.

［159］颉茂华，王瑾，刘冬梅.环境规制、技术创新与企业经营绩效［J］.南开管理评论，2014（6）：106-113.

［160］解学梅，王若怡，霍佳阁.政府财政激励下的绿色工艺创新与企业绩

效：基于内容分析法的实证研究 [J]. 管理评论，2020（5）：109-124.

[161] 雷善玉，王焕冉，张淑慧.环保企业绿色技术创新的动力机制——基于扎根理论的探索研究 [J]. 管理案例研究与评论，2014（4）：283-296.

[162] 雷星晖，张金涛，苏涛永，等.生态问责、媒体报道与企业绿色工艺创新——基于中央环保督察的准自然实验研究 [J]. 外国经济与管理，2022（4）：51-64.

[163] 李勃，徐慧，和征.如何使供应商参与绿色产品创新更有效——参与模式及治理形式适配的作用 [J]. 科技进步与对策，2021（18）：114-123.

[164] 李昆.绿色技术创新的平台效应研究——以新能源汽车技术创新及商业化为例 [J]. 外国经济与管理，2017（11）：31-44.

[165] 李晓静，艾兴政，唐小我.基于供应链竞争的技术创新价值与溢出效应 [J]. 系统工程学报，2017（6）：808-817.

[166] 李旭.绿色创新相关研究的梳理与展望 [J]. 研究与发展管理，2015（2）：1-11.

[167] 李稚，刘晓云，彭冉.考虑消费者接受度的制造业绿色生产与绿色消费博弈分析 [J]. 软科学，2021（6）：132-138.

[168] 刘刚.我国制造业绿色创新系统动力因素与绿色创新模式研究 [D].哈尔滨：哈尔滨工程大学博士学位论文，2015.

[169] 刘虹，潘亚宏.双渠道供应链定价策略研究——基于随机需求下考虑质量改进情形的分析 [J]. 价格理论与实践，2018（12）：163-166.

[170] 刘蕾，鄢章华，孙凯."硬件产品+软件服务"视角下的产品定价策略研究——以 iOS 和 Android 为例 [J]. 中国管理科学，2021（9）：144-155.

[171] 刘名武，吴开兰，付红，等.消费者低碳偏好下零售商主导供应链减排合作与协调 [J]. 系统工程理论与实践，2017（12）：3109-3117.

[172] 马骏，朱斌，何轩.家族企业何以成为更积极的绿色创新推动者？——基于社会情感财富和制度合法性的解释 [J]. 管理科学学报，2020（9）：31-60.

[173] 潘楚林，田虹.利益相关者压力、企业环境伦理与前瞻型环境战略 [J]. 管理科学，2016（3）：38-48.

［174］彭雪蓉.利益相关者环保导向、生态创新与企业绩效：组织合法性视角［M］.长春：吉林大学出版社，2019.

［175］宋河发，穆荣平，任中保.自主创新及创新自主性测度研究［J］.中国软科学，2006（6）：60-66.

［176］苏屹，林周周，欧忠辉.基于突变理论的技术创新形成机理研究［J］.科学学研究，2019（3）：568-574.

［177］隋俊，毕克新，杨朝均，等.制造业绿色创新系统创新绩效影响因素——基于跨国公司技术转移视角的研究［J］.科学学研究，2015（3）：440-448.

［178］孙晓华，郑辉.水平溢出、垂直溢出与合作研发［J］.系统工程学报，2012（1）：79-87.

［179］田红娜，毕克新.基于自组织的制造业绿色工艺创新系统演化［J］.科研管理，2012（2）：18-25.

［180］田虹，陈柔霖.绿色产品创新对企业绿色竞争优势的影响——东北农产品加工企业的实证数据［J］.科技进步与对策，2018（16）：38-46.

［181］汪明月，李颖明，王子彤.技术和市场双重不确定性下企业绿色技术创新及绩效［J］.系统管理学报，2021（2）：353-362.

［182］汪明月，张浩，李颖明，等.绿色技术创新绩效传导路径的双重异质性研究——基于642家工业企业的调查数据［J］.科学学与科学技术管理，2021（8）：141-166.

［183］王炳成，李洪伟.绿色产品创新影响因素的结构方程模型实证分析［J］.中国人口·资源与环境，2009，19（5）：168-174.

［184］王锋正，陈方圆.董事会治理、环境规制与绿色技术创新——基于我国重污染行业上市公司的实证检验［J］.科学学研究，2018（2）：361-369.

［185］王锋正，姜涛，郭晓川.政府质量、环境规制与企业绿色技术创新［J］.科研管理，2018，39（1）：26-33.

［186］王强，李卫红，胡荣.价格竞争下的双寡头R&D合作与非合作博弈分析［J］.科技进步与对策，2010（16）：22-25.

［187］王园园.生态文明视野下的企业绿色技术创新实现机制［J］.理论观

察，2013（3）：45-46.

[188] 王云，李延喜，马壮，等.媒体关注、环境规制与企业环保投资 [J].南开管理评论，2017（6）：83-94.

[189] 魏洁云，江可申，牛鸿蕾，等.可持续供应链协同绿色产品创新研究 [J].技术经济与管理研究，2020（8）：38-42.

[190] 吴延兵.创新、溢出效应与社会福利 [J].产业经济研究，2005（2）：23-33.

[191] 徐建中，贯君，林艳.互补性资产视角下绿色创新与企业绩效关系研究——战略柔性和组织冗余的调节作用 [J].科技进步与对策，2016（20）：76-82.

[192] 杨东，柴慧敏.企业绿色技术创新的驱动因素及其绩效影响研究综述 [J].中国人口·资源与环境，2015（S2）：132-136.

[193] 杨锋，陈登辉，焦传亚.基于制造商技术创新水平的古诺与斯坦伯格博弈对比分析 [J].运筹与管理，2021（10）：18-22.

[194] 杨静，刘秋华，施建军.企业绿色创新战略的价值研究 [J].科研管理，2015（1）：18-25.

[195] 杨晓辉，游达明.考虑消费者环保意识与政府补贴的企业绿色技术创新决策研究 [J].中国管理科学，2022（9）：263-274.

[196] 伊晟，薛求知.绿色供应链管理与绿色创新——基于中国制造业企业的实证研究 [J].科研管理，2016（6）：103-110.

[197] 于克信，胡勇强，宋哲.环境规制、政府支持与绿色技术创新——基于资源型企业的实证研究 [J].云南财经大学学报，2019（4）：100-112.

[198] 原毅军，戴宁.基于绿色技术创新的中国制造业升级发展路径 [J].科技与管理，2017（1）：8-15.

[199] 张红，黄嘉敏，崔琰琰.考虑政府补贴下具有公平偏好的绿色供应链博弈模型及契约协调研究 [J].工业技术经济，2018（1）：111-121.

[200] 张军，许庆瑞，张素平.企业创新能力内涵、结构与测量——基于管理认知与行为导向视角 [J].管理工程学报，2014，28（3）：1-10.

[201] 张军，张素平，许庆瑞.企业动态能力构建的组织机制研究——基于

知识共享与集体解释视角的案例研究［J］. 科学学研究，2012，30（9）：1405-1415.

［202］张立，聂普焱，孙鹏. 基于技术溢出内生的非对称双寡头合作研发研究［J］. 科技与经济，2014（4）：1-5.

［203］张天悦. 环境规制的绿色创新激励研究［D］. 北京：中国社会科学院研究生院博士学位论文，2014.

［204］张巍，张旭梅. 纵向溢出效应供应链企业间的协同创新研究［J］. 商业研究，2009（4）：42-46.

［205］赵爱武，杜建国，关洪军. 消费者异质需求下企业环境创新行为演化模拟与分析［J］. 中国管理科学，2018（6）：124-132.

［206］郑君君，王璐，王向民，等. 考虑消费者环境意识及企业有限理性的生产决策研究［J］. 系统工程理论与实践，2018（10）：2587-2599.

［207］朱庆华，窦一杰. 基于政府补贴分析的绿色供应链管理博弈模型［J］. 管理科学学报，2011，14（6）：86-95.

［208］朱于珂，高红贵，肖甜. 工业企业绿色技术创新、产业结构优化与经济高质量发展［J］. 统计与决策，2021（19）：111-115.

［209］祝福云. 竞争强度与企业创新动机的关联机理——基于 Hotelling 模型的分析［J］. 中南财经政法大学学报，2009（4）：126-130.

［210］邹海亮，曾赛星，林翰，等. 董事会特征、资源松弛性与环境绩效：制造业上市公司的实证分析［J］. 系统管理学报，2016（2）：193-202.